Lukas Niederberger

Rituale

Lukas Niederberger

Rituale

*Dem Tag, dem Jahr,
dem Leben Struktur geben*

Patmos Verlag

VERLAGSGRUPPE PATMOS

PATMOS
ESCHBACH
GRÜNEWALD
THORBECKE
SCHWABEN
VER SACRUM

Die Verlagsgruppe
mit Sinn für das Leben

Für die Verlagsgruppe Patmos ist Nachhaltigkeit ein wichtiger Maßstab ihres Handelns. Wir achten daher auf den Einsatz umweltschonender Ressourcen und Materialien.

Alle Rechte vorbehalten
© 2020 Patmos Verlag,
ein Unternehmen der Verlagsgruppe Patmos
in der Schwabenverlag AG, Ostfildern
www.patmos.de

Umschlaggestaltung: Finken & Bumiller, Stuttgart
Umschlagabbildung: © Yana Mavlyutova / shutterstock.com
Satz: Schwabenverlag AG, Ostfildern
Druck: CPI books GmbH, Leck
Hergestellt in Deutschland
ISBN 978-3-8436-1264-7

Inhalt

Eine kurze Gebrauchsanweisung 08

Rituale zwischen hui und pfui 10

Was macht das Ritual zum Ritual? 16

Prozession, Demo, Fasching: *Ritual-Kontext* 20
- Rituale mit mir selbst 22
- Rituale in der Partnerschaft 24
- Rituale in der Familie 26
- Rituale im Freundeskreis 28
- Rituale am Arbeitsplatz 29
- Rituale in der Politik 31
- Rituale im Sport 33
- Rituale in Kulturen und Religionen 34

Seinlassen und einlassen: *Ritual-Phasen* 37
- Ablösungs-Phase 38
- Schwellen-Phase 39
- Angliederungs-Phase 40

Sinnvoll, sinnlich, verständlich: *Ritual-Ebenen* 42
- Übersinnlich-transzendente Ebene 42
- Sinnlich-immanente Ebene 44
- Kommunikativ-transparente Ebene 44

Schutz und Struktur: *Ritual-Funktionen* 47
    Struktur, Halt, Sicherheit 47
    Integration und Identitätsstiftung 49
    Versöhnung, Ausgleich und Kompensation 51
    Segen und Schutz 52

Form follows function: *Ritual-Elemente* 55
    Mitwirkende oder Zuschauer – die Rollen 56
    Wohnzimmer, Wald oder Wiese – der Ort 58
    Täglich, jährlich oder einmalig – die Frequenz 59
    Reden, Essen, Musik – Gestaltungselemente 60

Vom Morgen bis zum Abend: *Alltagsrituale* 61
    Morgenstund hat Gold im Mund 62
    My home is my castle 64
    Hallo und tschüss 65
    Mahlzeit! 67
    Herunterfahren und abschalten 70
    Sleep well, sweet dreams! 72

Alle Jahre wieder: *zyklische Rituale* 74
    Immer wieder sonntags: Wochen-Rituale 74
    An jedem Ersten: Monats-Rituale 76
    In wachsenden Ringen: Jahresrituale 77
    Der Zauber des Anfangs: Neujahr 78
    Happy Birthday to you! 79
    Ab ans Meer: Reise- und Ferien-Rituale 80
    Karneval und Fastenzeit 82
    Nicht vergessen: Hochzeitstag 84
    Mamma mia – der Muttertag 85
    Leben im Lichtermeer: Advent 86
    Weihnachtslust – Weihnachtsfrust 87
    Nikolaus, Blasius & Co. 88

Von Geburt bis Tod: *Schwellenrituale*   90
    Schwangerschaft, Geburt und Taufe   93
    Taufe oder segnen?   94
    Die Kunst, erwachsen zu werden   95
    Willst du mich heiraten?   96
    Hoch-zeit feiern   100
    Wenn die Liebe stirbt   103
    Von der Midlife-Crisis zur Midlife-Chance   104
    Ruhestand zwischen Panik und Erlösung   107
    Lange leben, aber nicht alt werden   108
    Die »letzten Dinge« regeln   110
    Abschied in Etappen   113
    Bestattungs-(un)-kultur   118
    Trauer zulassen und teilen   121

Rituale – wohin?   126
    Rituale werden globalisierter   127
    Rituale werden regionaler   128
    Rituale werden privater und individueller   129
    Rituale werden säkularisierter   131
    Rituale werden kommerzieller   132
    Rituale werden digitaler   133
    Rituale bleiben, was sie sind   134

Dank   136

Literatur   137

Quellennachweise   138

Über den Autor   139

Eine kurze Gebrauchsanweisung

Kauft man eine neue Waschmaschine oder ein Radiogerät, wird zunächst die Gebrauchsanweisung studiert. Bei einem Buch ist das in der Regel nicht nötig. Man beginnt die Lektüre auf Seite eins und stellt das Buch nach der letzten Seite ins Regal. Beim vorliegenden Buch dient diese kurze Gebrauchsanweisung dazu, von der Lektüre besonders stark zu profitieren und je nach Interesse die Lektüre etwas abzukürzen.

Dieses Buch ist wie ein Kurs stark pädagogisch aufgebaut. Den Auftakt bilden theoretische Hintergründe. Danach werden Alltagsrituale, zyklische Rituale und Schwellenrituale bei bedeutsamen Lebensübergängen thematisiert. Und am Ende werden Tendenzen der künftigen Entwicklung von Ritualen aufgezeigt.

In jedem Kapitel werden mehrere Impulsfragen gestellt. Diese sollen niemanden dazu zwingen, sogleich die Antworten schriftlich zu notieren. Vielmehr laden die Fragen zu einem inneren Dialog ein sowie zu anregenden Gesprächen mit Verwandten, Freunden, Arbeitskolleginnen und Bekannten. Wer die Impulsfragen schriftlich beantworten will, überlegt sich am besten gleich jetzt, ob sie oder er die persönlichen Notizen jeweils am Rand der Buchseiten, in einem separaten Heft oder auf einzelnen Blättern festhalten will. Falls Sie das Buch in einigen Jahren nochmals durcharbeiten wollen, sind die jetzigen Notizen am Seitenrand später einmal interessant. Aber wenn Sie das Buch nach der Lektüre einer Freundin ausleihen möchten, wollen Sie Ihre persönlichen Notizen vermutlich lieber nicht aus den Händen geben.

Damit Sie die Impulsfragen nicht auf Blättern oder in einem Notizbuch notieren müssen, finden Sie hier den Link und den QR-Code, um die Fragen herunterladen zu können.

Link: https://www.verlagsgruppe-patmos.de/978-3-8436-1264-7
QR-Code (das Bild mit dem Smartphone einfangen)

Sie brauchen das Buch nicht zwingend wie einen Roman von A–Z zu lesen. Vielleicht interessieren Sie sich vor allem für die theoretischen Hintergründe. Diese finden Sie gleich im ersten Buchteil. Vielleicht wollen Sie Ihrem Alltag etwas mehr Struktur und Tiefe verleihen. Dann finden Sie im Teil über Alltagsrituale zahlreiche Anregungen. Vielleicht möchten Sie an Weihnachten oder am Geburtstag oder für den Auszug Ihres Kindes aus dem Elternhaus ein stimmiges Ritual gestalten. Dann finden Sie entsprechende Ideen und Hilfen in den Kapiteln über die zyklischen Rituale und über Schwellenrituale. Letztlich können Sie das Buch als Kursbuch oder als Nachschlagewerk, als Ideen-Pool, als Lesebuch oder als Basis für Tischgespräche verwenden.

Obwohl im Buch keine pfannenfertigen Ritualrezepte vermittelt werden, kommen dennoch zahlreiche Beispiele von Ritualgestaltungen vor. Weil Rituale authentisch sein müssen und weil sie nur in einem bestimmten Kontext stimmig wirken und ihre Wirkung erzielen, wird das Kopieren von erwähnten Ritualbeispielen nicht empfohlen.

Jedes Buch, jede Zeitung und jede Autorin gehen in der Sprache unterschiedlich mit den weiblichen und männlichen Formen um. Wenn von »Teilnehmerinnen« die Rede ist, sind die männlichen »Teilnehmer« automatisch mitgemeint. Und wenn von »Freunden« gesprochen wird, sind die »Freundinnen« selbstverständlich mitgemeint. Meistens werden die weiblichen und die männlichen Formen alternierend verwendet.

Rituale zwischen hui und pfui

Ich liebe und brauche Wiederholungen.
Nur neu müssen sie sein.
Ich liebe und brauche Veränderungen.
Nur konstant müssen sie sein.

Rituale verbinden wir mit unterschiedlichen, zwiespältigen oder gar widersprüchlichen Erfahrungen, Gefühlen und Haltungen: von Anziehung und Neugier bis zu Skepsis und Ablehnung. Darum macht es Sinn, zu Beginn der Lektüre den eigenen persönlichen Grad an Ambivalenz gegenüber Ritualen zu prüfen.

> *Woran denke ich spontan beim Wort »Rituale«?*
> *Welche Gefühle löst der Begriff »Rituale« in mir aus?*
> *Welche positiven persönlichen Erinnerungen verbinde ich mit Ritualen?*
> *Welche negativen Erinnerungen verbinde ich mit Ritualen?*

In meinem Bekanntenkreis hörte ich die gesamte Bandbreite möglicher Erfahrungen, Gefühle und Haltungen gegenüber Ritualen: *»Spontan denke ich bei Ritualen an Beständigkeit, Zuhause-Gefühl, Sicherheit und Verbindlichkeit«* (♀, 56 Jahre). *»Ich denke an Kinder. Diese brauchen wiederkehrende Rituale«* (♀, 46 Jahre). *»Ich denke an Geburtstage, Hochzeiten und Kirchenfeste«* (♂, 57 Jahre). *»Rituale bilden ein Gerüst, an das ich mich immer wieder anlehnen kann. Sie schenken Sinn und Ordnung in meinem manchmal chaotischen Leben«* (♀, 55 Jahre). *»Mit Ritualen schenke ich mir Zeit für mich selbst, tanke Energie, orientiere mich je neu und öffne mich für andere und Neues. Sie verbinden mich mit anderen Menschen und ich wachse mit ihnen«* (♀, 48 Jahre). *»Für mich bedeutet Ritual eine Handlung, die*

Anfänge, Ende und Übergänge markiert, gewünschte Werte im Wesen der Handelnden verankert und dadurch Haltungen hervorruft. Es gipfelt schließlich in einer Verpflichtung, die die Teilnehmenden eingehen« (♂, 68 Jahre). *»Rituale sind für mich Haltepunkte und Haltgeber, Lebensstützen, Leuchttürme. Sie helfen mir beim Navigieren durch das Leben. Sie sind vertraute Momente, die bestimmte Emotionen in mir auslösen: Hoffnung, Freude, Trost oder Vertrauen«* (♂, 69 Jahre). *»Rituale müssen mich emotional berühren und aus dem Alltag herausnehmen. Sie geben Halt und Sicherheit im Alltag und Abwechslung im Jahresablauf«* (♀, 46 Jahre).

Neben diesen positiven Erfahrungen verbinden viele Menschen Rituale mit altmodischen und starren Zeremonien, von Beerdigungen mit dem greisen Dorfpfarrer bis hin zu durchorchestrierten Militärparaden in den Fernsehnachrichten. Unsere zwiespältige Haltung gegenüber Ritualen treibt zuweilen heitere Blüten. Manche kritisieren das Verschleudern von Steuergeld durch Königsfamilien oder lästern über den Starkult von Sportlern und Musikstars, sehen aber gleichzeitig fern, wenn Prinzessinnen heiraten oder 22 Jungmillionäre im Stadion um den Ballbesitz kämpfen. Andere sind überkritisch gegenüber traditionellen Ritualen der eigenen Religion und Kultur und praktizieren gleichzeitig kritikfrei Rituale aus anderen Kulturen und Religionen, die hierarchische und patriarchale Machtsysteme zementieren.

Ambivalenz gegenüber Ritualen kann unterschiedliche Gründe haben. An dieser Stelle seien zehn Gründe genannt. Ein Zwiespalt gegenüber Ritualen entsteht erstens dadurch, dass rituelle Zeichen und Gesten objektiv und kollektiv verständlich sein müssen, damit sie als Rituale erlebt werden. Gleichzeitig haben wir den Anspruch, dass Rituale authentisch und stimmig sein sollen und uns subjektiv und individuell ansprechen müssen.

Zweitens werfen wir Rituale manchmal unbewusst in einen Topf mit den Übergängen selbst, die durch Rituale thematisiert und gestaltet werden. Wir Menschen wünschen uns oftmals mehr Veränderung und beklagen den Stillstand, andere Male sehnen wir uns mehr nach Stabilität und jammern über den ständigen Wandel. Je nachdem, auf welcher Seite des Pendels wir in einem bestimmten Moment stehen, werden wir mit Ritualen Mühe haben, die einerseits Veränderungsprozesse inszenieren und andererseits durch die Wiederholbarkeit Konstanz und Beheimatung in der Zeit bewirken.

Zwiespältigkeit gegenüber Ritualen kann drittens entstehen, wenn bei manchen rituellen Handlungen die Inhalte in Vergessenheit geraten und nur noch die leeren Hüllen tradiert und zelebriert werden. Rituale werden kraftlos oder verschwinden, wenn sie als inhaltslos empfunden werden und keine sinn-, gemeinschafts- und identitätsstiftende Wirkung mehr erzielen. Wenn bei Ritualen die Formen zum eigentlichen Inhalt wurden, können komische Situationen entstehen. Ein befreundeter Zen-Meister weilte einmal im Dezember in Japan und wurde auf der Straße von einem schintoistischen Japaner gefragt, ob Christen eigentlich auch Weihnachten feiern würden.

Ambivalenz gegenüber Ritualen entsteht viertens, wenn Rituale gefeiert werden, aber gar keine existenziellen Veränderungen damit verbunden sind. Viele verstehen nicht, warum man heute noch Hochzeiten feiert, wenn die Partner bereits jahrelang zusammenleben und sich mit der Hochzeit de facto nichts ändert im Leben des Paares und der Familien. Und wenn die Paare dafür auch noch die Feierlichkeit eines Kirchenraums in Anspruch nehmen, obwohl sie mit Gott und Kirche nichts am Hut haben, wächst das Unverständnis noch zusätzlich.

Ambivalenz gegenüber Ritualen kann fünftens daher rühren, dass Feierlichkeiten bei Übergängen die damit verbundenen Veränderungsprozesse, Gefühle und Emotionen nicht wirklich zum Ausdruck bringen. Sowohl Jubiläen in Unternehmen und staatlichen Behörden als auch Diplomfeiern an Schulen und Universitäten sind mit ihren kraftlosen Dekors fürs Selfie-Knipsen und Schulterklopfen oft eine verpasste Chance und kommen gestalterisch kaum über die rituelle Alltagskost hinaus, die aus einer Festrede, drei Grußworten, vier gefälligen Begleitmusikstücken (nicht jünger als Beethoven) und der Überreichung von Blumensträußen, Weinflaschen, Pralinenschachteln oder Honiggläsern besteht.

Ambivalenz gegenüber Ritualen kann sechstens damit zusammenhängen, dass lange Zeit fragwürdige Rituale wie Segnungen von Kriegsschiffen und Atomwaffen sowie Tieropfer und Verstümmelungen des menschlichen Körpers zelebriert wurden oder noch immer gestaltet werden. Rituale können eine heilende oder zerstörende, eine göttliche oder teuflische, eine symbolische oder diabolische Wirkung haben. Darum ist eine grundsätzlich kritische Haltung gegenüber Ritualen legitim.

Ambivalenz gegenüber Ritualen kann siebtens entstehen, wenn sie zu neurotischen Zwangshandlungen werden. Ein ehemaliger Nachbar warf jeden Morgen kurz vor sieben Uhr seine leere Rotweinflasche in die Altglas-Tonne – leider auch sonntags. Eine Freundin erzählte mir ein noch krasseres Beispiel: »*Mein Ex-Partner schob jeden Abend tiefgekühltes Essen in die Mikrowelle, badete exakt jeden zweiten Tag und aß morgens immer genau die gleichen Zutaten zum Frühstück. Bereits am Vorabend deckte er den Frühstückstisch. Alles, was diese Routinehandlungen störte, konnte ihn zum Trinken verleiten*« (♀, 55 Jahre). Die Grenze zwischen Ritual und Zwangshandlung ist oft fließend. Dass sich ein verliebtes Paar täglich ein Dutzend Liebeserklärungen via WhatsApp sendet, ist zu Beginn der Beziehung wunderschön. Wenn es aber Vorwürfe hagelt, wenn an einem stressigen Tag nur halb so viele Nachrichten eintreffen, ist das Ritual bereits zur Zwangshandlung geworden. Rituale stabilisieren glückliche und lebendige Paarbeziehungen. Ritualismus und Zwangshandlungen verhindern hingegen Entwicklungen von Personen, Paaren, Gruppen und Gesellschaften.

Achtens sind manche Menschen Ritualen gegenüber darum zwiespältig, weil die wiederholten Handlungen die soziale Ordnung nicht nur im Guten stärken, sondern auch im Schlechten: Einerseits verleihen Rituale den Religionen und der Politik, dem Militär und den Unternehmen klare Strukturen. Andererseits zementieren sie hierarchische und patriarchale Machtverhältnisse, ob mit Bischofshut oder Limousinen, Ordensabzeichen, reservierten Parkplätzen in der Tiefgarage oder mit der Sitzordnung am Konferenztisch.

Ambivalenz gegenüber Ritualen können neuntens jene spüren, die in jüngeren Jahren unter sinnlosen Ritualen gelitten haben: zum Beispiel in Jugend-Gangs, Jugendgruppen, bei den Farbenbrüdern oder im Militär, wo Aufnahmerituale mit Demütigungen, Erniedrigungen oder Missbrauch verbunden waren.

Ambivalenz gegenüber Ritualen kann zehntens auch dann entstehen, wenn jemand den Wunsch oder gar die Notwendigkeit spürt, einschneidende, leidvolle und dramatische Übergänge des Lebens mit Symbolhandlungen zu gestalten, die Auf- und Umbrüche aber nicht den gesellschaftlichen Normen entsprechen. Wenn für existenziell bedeutsame Veränderungen keine Rituale bestehen oder wenn die Kirchen für bestimmte Lebenssituationen keine Rituale anbieten, fühlen sich Menschen diskriminiert und reagieren Ritualen gegenüber generell kritisch bis ablehnend.

Als Folge der Ambivalenz gegenüber Ritualen haben sich zwei bedauernswerte Haltungen entwickelt: Die einen wollen an traditionellen Ritualen nichts ändern und verteidigen sie als Felsen in der Brandung, sei es die familiäre Weihnachtsfeier, das Wiener Neujahrskonzert oder das Gruppenbild der G-20-Regierungschefs. Andere schütten das Kind mit dem Bade aus und werfen sämtliche Rituale über Bord. Nötig wären inmitten unserer raschen und permanenten Veränderungen eine reflektierte Weiterentwicklung von Ritualen sowie die Förderung der Ritualkompetenz in der breiten Bevölkerung.

> *Gegenüber welchen Ritualen habe ich zwiespältige Gefühle – und warum?*
> *Welche Rituale erlebte oder erlebe ich als hilfreich, schön und sinnvoll – ob im Alltag, im Jahreszyklus, bei größeren Lebensübergängen oder im öffentlichen Leben?*
> *Welche Rituale möchte ich in Gemeinschaft erleben und welche ausschließlich in privater Intimität?*
> *Bei welchen Ritualen bedaure ich ihre schwindende Bedeutung?*
> *Welche Rituale sollte man gar nicht zu erneuern versuchen, sondern radikal abschaffen?*
> *Welche Rituale erlebte oder erlebe ich als unpassend, wirkungslos, leer oder gar schädlich – ob im Alltag, im Jahreszyklus, bei größeren Lebensübergängen oder im öffentlichen Leben?*

> *Bei welchen noch anstehenden Übergängen in meinem Leben wünsche ich mir stimmige Rituale?*
> *Bei welchen Übergängen in der Arbeitswelt oder in der Gesellschaft vermisse und wünsche ich mir stimmige Rituale?*

Was macht das Ritual zum Ritual?

»Die letzten 80 Jahre habe ich jeden Morgen auf dieselbe Weise begonnen, nicht etwa mechanisch, aus bloßer Routine, sondern weil es wesentlich ist für meinen Alltag: Ich gehe ans Klavier und spiele zwei Präludien und zwei Fugen von Bach. Anders kann ich mir den Tagesbeginn gar nicht vorstellen. Es ist so etwas wie ein Haussegen aber es bedeutet mir noch mehr: die immer neue Wiederentdeckung einer Welt, der anzugehören ich mich freue. Durchdrungen vom Bewusstsein, hier dem Wunder des Lebens selbst zu begegnen, erlebe ich staunend das schier Unglaubliche: ein Mensch zu sein. Diese Musik ist niemals dieselbe für mich, niemals! Jeden Tag ist sie wieder neu.«

Pablo Casals (Cellist, 1876–1973)

Zeichen und Handlungen galten ursprünglich als rituell, wenn sie zu einem Ritus – also zu einem religiösen Brauch – gehörten. In den letzten Jahrzehnten hat sich unser Verständnis von Ritualen jedoch stark säkularisiert, also vom religiösen Kontext zunehmend gelöst.

Nicht jede wiederholbare und regelmäßig wiederholte Routinehandlung ist automatisch ein Ritual. Was macht den Frühstückskaffee, den Griff zur Zigarette, zur Zeitung oder zur Zahnbürste zum Ritual? Wäre die Häufigkeit von Routinehandlungen ein Kriterium, so wäre das Betrachten und Streicheln des Smartphone-Bildschirms heute das wichtigste Ritual auf dem Planeten. Eine objektive und glasklare Grenzziehung zwischen Routinehandlungen und Ritualen ist schwierig, weil dieselbe Handlung gleichzeitig beides sein kann. Der Frühstückskaffee kann für die eine Person ein Ritual sein, für die andere ist er reine Routine, weil der Kaffee einfach zum Aufstehen am Morgen dazugehört. Spätestens wenn wir im Wiener »Café Hawelka«, im römischen »Greco« oder bei einer bosnischen Familie am Tisch sitzen, wird klar, dass Kaffeetrinken mehr ist als die Einnahme einer koffeinhaltigen Brühe.

Pablo Casals erwähnt im obigen Zitat die zentralen Komponenten von Ritualen: die Wiederholbarkeit von Gesten sowie der tiefere Sinn und die hohe emotionale Beteiligung in der Handlung. Meine Definition des Begriffs »Ritual« wirkt auf den ersten Blick ausufernd und kompliziert, wird aber von Kapitel zu Kapitel verständlicher werden:

Ein Ritual ist eine Handlung oder Handlungsabfolge,
die zu einem bestimmten Zeitpunkt
und an einem bestimmten Ort
einmalig oder regelmäßig
mit emotionaler Beteiligung,
mit festgelegten, verständlichen und sinnlich wahrnehmbaren Zeichen oder Gesten,
in einem bestimmten Kontext,
mit einer tieferen Bedeutung
und möglicherweise mit einer auf Zukunft hin ausgerichteten Zusage gestaltet wird,
um bei Individuen, in Gruppen oder Organisationen
räumliche, soziale oder zeitliche Übergänge im Alltag, im Jahr oder im Leben zu markieren
und dem Leben, der Gemeinschaft und der Zeit Struktur und Bedeutung zu verleihen.

Auf einige Teile der Definition gehe ich kurz und gleich hier ein, auf andere später und ausführlicher.

»Ein Ritual ist eine Handlung oder Handlungsabfolge.«
Manchmal bezeichnen wir mit dem Ausdruck »Ritual« eine einzelne Handlung, z. B. das Anzünden einer Kerze. Und manchmal sprechen wir bei einer Messfeier, einer Hochzeit oder einer Beerdigung von einem »Ritual«, das aber aus vielen verschiedenen Ritualen besteht.

Manche Ritualexperten unterscheiden darum zwischen Makro- und Mikro-Ritualen. Erstere umfassen ganze Handlungsabfolgen, Letztere einzelne symbolische Gesten.

»Ein Ritual erfolgt einmalig oder regelmäßig.«
Handlungen werden nicht dadurch zu Ritualen, indem wir sie in unserem Leben möglichst oft wiederholen. Rituale sind wiederholbare Gesten, müssen aber innerhalb einer Biografie nicht mehrfach vorkommen. Geheiratet wurde schon früher mehr als einmal im Leben, weil viele Frauen im Kindbett bei der achten oder zwölften Geburt starben. Heute sind aber auch Trauerfeiern nicht mehr zwingend einmalig. In einer Familie musste ich die Asche des Verstorbenen aufteilen und in drei Feiern mit den Ex-Frauen und den zerstrittenen Halbgeschwistern an verschiedenen Orten bestatten.

»Ein Ritual erfolgt mit emotionaler Beteiligung.«
Als Zuschauer können wir emotional unbeteiligt am Fernseher die Hochzeit eines Prinzen oder die Krönung einer Schönheitskönigin verfolgen. Das Ritual bleibt dennoch ein Ritual. Wenn eine feierliche Handlung aber selbst bei den Akteuren keinerlei Gefühle und Emotionen weckt, würde ich nicht von einem Ritual sprechen, sondern von einem Event.

»Ein Ritual wird möglicherweise mit einer auf Zukunft hin ausgerichteten Zusage gestaltet.«
Rituale mit Zusagen oder Versprechen bezüglich künftiger Handlungen und Haltungen verleihen dem Ritual eine Wirkung, die über den Moment hinausreicht. Wenn bei einer Hochzeit jemand »Ja« sagt, gilt diese sogenannt performative Aussage nicht nur für den Augenblick. Und wenn eine Schweizer Politikerin beim Amtseid Daumen, Zeigefinger und Mittelfinger der rechten Hand in die Höhe streckt oder der US-Präsident seine Hand auf die Bibel legt, haben diese Gesten eine konkrete Auswirkung auf die künftige Amtsführung – oder sollten sie zumindest haben.

- Welche meiner Routinehandlungen im Alltag, im Wochentakt oder im Jahreszyklus empfinde ich als Rituale – und warum?
- Welche Teile der vorgeschlagenen Ritual-Definition sind mir noch nicht klar oder erzeugen gar Widerspruch und Ablehnung?

Prozession, Demo, Fasching: Ritual-Kontext

Falls Sie das Gefühl haben, im Alltag eher selten Ritualen zu begegnen, lade ich Sie zu einer einfachen Übung ein. Nehmen Sie Ihre Tageszeitung zur Hand und betrachten Sie vom Politik- bis zum Sport- und Kulturteil sämtliche Fotos.

> ➤ *Welche abgebildeten Szenen haben rituellen Charakter – und warum?*
> ➤ *Aus welchen gesellschaftlichen Bereichen werden Rituale dargestellt?*
> ➤ *Welche abgebildeten Rituale finde ich sinnvoll, ansprechend und hilfreich – und warum?*
> ➤ *Welche abgebildeten rituellen Handlungen finde ich sinnlos, fragwürdig oder abschreckend – und warum?*

Rituale begegnen uns in unterschiedlichen Sinnzusammenhängen und Gesellschaftsbereichen. Sie stehen jeweils in einem bestimmten örtlichen oder zeitlichen, religiösen oder kulturellen, gruppen- oder geschlechtsspezifischen Zusammenhang. Wer die feinen kulturellen Unterschiede bei Begrüßungsritualen nicht kennt, kann leicht in Fettnäpfchen treten. In deutschen Unternehmen siezt man sich oftmals noch nach 20 Jahren mit dem Arbeitskollegen. In Österreich spricht man die Gattin des Arztes noch heute mit »Frau Doktor« an. In Frankreich siezt man andere Menschen ebenfalls lange Zeit, nennt sie allerdings von Beginn an beim Vornamen. In der deutschsprachigen Schweiz hält man hingegen CEOs und Minister für altbacken und arrogant, wenn sie ihren Teams nicht schon beim ersten Treffen das »Du« anbieten.

Viele unserer Rituale sind religiös geprägt. Während Christen am Freitag oder Samstagabend selbstverständlich ihre Schweinswürste auf den Gartengrill legen, ist dies für praktizierende Juden und Muslime ein Sakrileg. Andere Rituale sind eher generationenspezifisch. Während ältere Menschen beim Essen gerne ihren Medikamentenkasten neben dem Teller positionieren, um auf ihre zahlreichen Molesten angesprochen zu werden, platzieren Millennials an dieser Stelle ihr Smartphone, um die Notwendigkeit ihrer permanenten Erreichbarkeit auszudrücken.

Um Sinn und Zweck von Ritualen richtig zu deuten und stimmig zu gestalten, muss uns der jeweilige Kontext ritueller Zeichen und Gesten klar sein. Äußerlich können Rituale gleich aussehen, stehen aber in verschiedenen gesellschaftlichen und kulturellen Bezugsrahmen und haben darum eine völlig unterschiedliche Bedeutung. Wenn sich eine Menschenmenge an der Pariser Place de la Bastille, am Berliner Alexanderplatz, auf dem Wiener Ring oder auf dem Berner Bundesplatz versammelt, ist dem fremden Betrachter im ersten Moment nicht zwingend klar, ob es sich um eine Demo, eine Sieger-Party für einen Sportler, eine Fronleichnamsprozession, einen Staatsbesuch oder einen spontanen Flashmob durch eine Push-Nachricht auf dem Smartphone handelt. Und wenn wir in einen stillen Raum treten, in dem eine Kerze brennt, ist uns auch nicht automatisch und sofort klar, ob dort um einen Toten getrauert wird, eine Gruppe meditiert, jemand Fledermäuse studiert oder ein Paar gerade seine romantische Zweisamkeit genießt.

Manche Rituale machen nur innerhalb eines bestimmten Bezugsrahmens Sinn. Wenn ich am Karneval im Waschbärenkostüm, als Catwoman oder Superman durch die Straßen flaniere, ist das völlig in Ordnung. Wenn ich aber beim Vorstellungsgespräch bei einer Bank in dieser Aufmachung erscheine, werde ich den Job mit hoher Wahrscheinlichkeit nicht erhalten, sondern lande möglicherweise sogar in einer Klinik. Peinlich ist es auch, wenn jemand den Kontext einer Handlung oder eines Rituals ignoriert oder vergisst, beispielsweise wenn ein Mann aus dem Theaterpublikum aufsteht und dem Mann auf der Bühne einen Kinnhaken verpasst, weil dieser im Stück seine Gattin leidenschaftlich küsst.

Peinlich kann es auch sein, wenn man in einem bestimmten kulturellen Kontext die Bräuche und Gepflogenheiten nicht kennt und beispielsweise ein begeisterter Zuhörer im Konzerthaus nach dem ersten von drei Sinfoniesätzen spontan und begeistert klatscht und tausend entrüstete Augenpaare auf sich zieht. Oder wenn ein Mann in ein islamisch geprägtes Land reist und den Frauen freundlich die Hand zum Gruß entgegenstreckt.

Je nach Kontext werden Rituale mehr oder weniger reglementiert und aufwändig gestaltet: politische Amtseinführungen anders als Militärparaden, diplomatische Empfänge anders als NGO-Konferenzen, Sportevents anders als Schulfeste, Firmenjubiläen anders als Filmauszeichnungen, Miss-Wahlen anders als Musikalent-Wettbewerbe, Vereinsanlässe anders als Gerichtsverhandlungen, Schiffstaufen anders als Kunst-Vernissagen. Auf den folgenden Seiten werden Rituale in unterschiedlichen gesellschaftlichen Bezugsrahmen betrachtet.

Rituale mit mir selbst

»*Beim Yoga am Morgen und am Abend erhole ich mich körperlich und geistig und nehme als mental veranlagte Frau meinen Körper intensiv wahr*« (♀, 50 Jahre). »*Wenn ich starke positive oder negative Emotionen habe, beginne ich zu schreiben. Dieses Ritual hilft mir enorm, um Ordnung in meine Gedanken und Gefühle zu bringen. Ansonsten würde ich platzen*« (♀, 54 Jahre).

Rituale werden meistens in Gemeinschaft gestaltet. Oftmals ist es aber sinnvoll und nötig, Rituale allein zu begehen. Manche Menschen tun sich schwer, für sich allein fein zu kochen und bei Kerzenschein zu essen oder für sich im Advent die Wohnung stimmungsvoll zu dekorieren. Wer für sich allein Rituale gestaltet, geht liebevoll und bewusst mit sich selbst um, was eine Voraussetzung ist für die Liebe zu anderen Menschen. Manche suchen für persönliche Rituale Kraftorte auf, andere schreiben im Bett Tagebuch, wieder andere züchten Rosen, schaffen Ordnung und putzen die Wohnung, tanzen oder meditieren allein, lesen Gedichte, malen oder stricken, hören oder spielen Musik, steigen auf Berggipfel oder pilgern allein nach Spanien.

Im Alltag pflege ich mehrere Rituale äußerlich allein, aber innerlich verbunden mit anderen Menschen oder mit der ganzen Welt. Am frühen Morgen werfe ich einen Blick in die Agenda und gratuliere meinen Bekannten in einer E-Mail zum Geburtstag oder zum Hochzeitstag. Wenn ich tagsüber an einer Bus-Station oder in einem Supermarkt an der Kasse warten muss, versuche ich mich über die vermeintlich »tote Zeit« nicht aufzuregen und greife absichtlich nicht zum Smartphone, um Nachrichten zu checken, sondern atme tief ein und aus und nehme mich im Hier und Jetzt als Teil der Welt wahr. Vor dem Schlafengehen lasse ich mir unter der Dusche den Tag in einem inneren Film nochmals ablaufen und segne mit dem Wasser das Gute, Schöne und Erfreuliche wie auch das Negative. Was mich tagsüber geärgert oder frustriert hat, versuche ich mit dem Wasser abfließen zu lassen. Und beim Einschlafen danke ich jeweils für drei Dinge, die ich erleben durfte.

Mehrmals wöchentlich steige ich von meiner Wohnung auf 1300 Meter Höhe zum nahen Berggipfel hinauf. Als ich in den ersten Jahren jeweils wandernd oder mit den Fellen an den Skiern hochstapfte, hörte ich unterwegs mit den Ohrstöpseln Radiosendungen. Aber irgendwann begann mich in der wunderbaren Bergwelt selbst wunderbare klassische Musik im Ohr zu stören. Seither genieße ich neben dem Sonnen- und Luftbad auch das Bad in der Stille.

Weil ich meistens mit mehreren Projekten und Aufgaben gleichzeitig beschäftigt bin, nehmen Ordnungs- und Aufräumrituale einen festen Platz in meinem Alltag ein. Für manche erscheinen sie vielleicht sogar als Zwangshandlungen. Wenn ich am späten Nachmittag das Büro in Zürich verlasse, liegt kein einziges Blatt Papier auf meinem Pult. Weil man Papier heute leicht einscannen kann, ist ein leeres Pult an sich keine besondere Leistung. Mindestens einmal monatlich leere ich auch meinen E-Mail-Eingang und beantworte alle unerledigten Mails. Ein leerer Schreibtisch und ein leerer digitaler Briefkasten schenken mir Raum zum Atmen und für kreative Ideen. Ich kann auch nicht in einer Wohnung leben, in der sich Zeitungen und Zeitschriften türmen.

➢ Welche Rituale gestalte ich im Alltag für mich allein?
➢ Welche persönlichen Rituale finde ich besonders schön und stimmig, lebendig und hilfreich?
➢ Welche persönlichen Rituale fehlen mir?

Rituale in der Partnerschaft

»Auf Spaziergängen suchen wir gemeinsam Sachen aus der Natur und arrangieren sie dann im Haus« (♀, 59 Jahre). »Einmal pro Jahr gehen meine Frau und ich in die Berge, wo wir uns im römisch-irischen Bad wunderbar entspannen« (♂, 56 Jahre). »Abwechselnd plant jemand von uns einen gemeinsamen Abend oder ein Wochenende, ohne das Programm vorher zu verraten. Bewusst nehmen wir uns Zeit, um über uns auszutauschen und die Liebe zu genießen« (♀, 57 Jahre).

Das Leben in Partnerschaft ist ein doppelt dynamischer Prozess von Übergängen und Wendepunkten. Lebendige Beziehungen bedingen, dass beide Partner die Veränderungsprozesse bei sich selbst, bei der anderen Person sowie untereinander immer wieder wahrnehmen, ansprechen und zulassen. Veränderungsprozesse im Beziehungsbereich können erleichtert, unterstützt und gefördert werden, indem sie rituell gestaltet werden.

Das Kennen- und Liebenlernen ist wie das Balzverhalten in der Tierwelt spannend und spannungsreich zugleich. An die Stelle von Kämpfen bei Enten und Löwen kommen sich menschliche Paare normalerweise durch Flirten näher. Dieses geschieht heute zunehmend auf virtuellem Weg per WhatsApp und auf Online-Plattformen. Während Paare früher zum Ärger der Förster ihre Initialen mit einem Herz in Bäume schnitzten, um ihre Liebe und ewige Treue rituell auszudrücken, hängen junge Paare heute zum Verdruss von Stadtverwaltungen Vorhängeschlösser an Brückengeländer.

Wurde früher eine Partnerschaft enger und verbindlicher, feierte man Verlobung. Heute nennt man dies zwar nicht mehr offiziell so, aber die romantischen Formen bleiben erstaunlicherweise erhalten. Viele Männer gehen heute noch auf die Knie und überraschen ihre Liebste mit einem Brillantring. Andere drücken ihre verbindliche Liebe dadurch aus, dass sie sich ein Tattoo mit dem Vornamen der geliebten Person in den Arm stechen lassen oder versenden statt Verlobungsanzeigen auf edlen Karten eine digitale Botschaft mit der gemeinsamen Adresse. Zum Thema Hochzeit folgt später ein eigenes Kapitel.

Paare entwickeln im Lauf der Jahre eine Vielfalt an Ritualen. Manche Paare spielen regelmäßig gemeinsam Golf, Schach oder Karten, streichen gemeinsam Wände in der Wohnung, gehen auf den Wochenmarkt einkaufen, joggen oder picknicken am See, überraschen sich mit kleinen Geschenken, bekochen sich feierlich, laden einander zu Konzerten und Theateraufführungen ein, legen sich interessante Zeitungsartikel auf den Esstisch oder bringen sich an freien Tagen das Frühstück ans Bett. Selbst schrullig anmutende Paarrituale wirken verbindend. Ironisch bringt dies Loriot in Filmszenen wie jener vom berühmten Frühstücks-Ei und dem gemeinsamen Fernsehabend zum Ausdruck.

Beim Thema Paar-Ritual wäre es seltsam, wenn der Sex thematisch umschifft würde. Für die meisten ist Sex ein Ritual und nicht nur eine Performance, weil er Ausdruck der geistig-emotionalen Nähe und Liebe ist. Sex ist auch darum ein Ritual, weil er bei zahlreichen Paaren den Beginn oder das Ende des Tages oder der Woche markiert oder an einen bestimmten Ort gebunden ist. Ein befreundetes Paar hat jeden Morgen Sex in Verbindung mit Yoga und Meditation. Wo Sex in der Kindheit tabuisiert, als etwas Sündhaftes verteufelt oder primär als Mittel zur Fortpflanzung gepredigt wurde, werden Häufigkeit, Intensität, Lust und Kontrollverlust beim Sex vermutlich tiefer liegen als bei Paaren, die Sex von ihren Eltern angst- und moralinfrei vermittelt bekamen. Sex als Ritual wird von vielen Paaren auch bewusst gestaltet, indem sie Ort und Zeit, Speisen und Getränke, Musik, Licht und Düfte bewusst auswählen und die körperliche Verbundenheit regelrecht feiern.

Meine Partnerin Karin und ich pflegen mehrere Paar-Rituale. Im Verlauf des Buches gebe ich einige preis. Sehr schön finde ich das gegenseitige Vorlesen. Am Abend lese ich ihr meistens nur ein paar Seiten vor, in den Ferien aber ganze Romane. Das gemeinsame Lesen eines Buches hat den Vorteil, dass dabei immer wieder anregende

Zwiegespräche entstehen. Ein anderes Paar-Ritual entstand vor über drei Jahren. Da meine Partnerin und ich Respekt vor dem sogenannten »verflixten siebten Jahr« unserer Beziehung hatten, entwickelten wir bewusst ein Siebtes-Jahr-Ritual. In den geraden Monaten lud ich an einem Abend Überraschungsgäste zum Essen bei uns ein und meine Partnerin führte mich an einem Tag oder Abend an einen besonderen Ort aus. In den ungeraden Monaten tauschten wir die Rollen. Diese Idee hat uns so gut gefallen, dass wir das Ritual nach dem ominösen Jahr fortsetzten. Inzwischen haben sogar einige befreundete Paare unsere Idee übernommen.

> *Mit welchem Ritual haben wir das Eingehen einer festen Beziehung gestaltet? Wie stimmig habe ich es erlebt? Welches Ritual fände ich stimmig, schön und hilfreich? Was hat mir gefehlt?*
> *Mit welchem Ritual haben wir das Zusammenziehen gestaltet? Wie stimmig habe ich es erlebt? Welches Ritual fände ich stimmig, schön und hilfreich? Was hat mir gefehlt?*
> *Welche Rituale gestalten wir als Paar?*
> *Welche Rituale finde ich besonders schön, stimmig und hilfreich?*
> *Welche Rituale (vielleicht sind es auch Routinehandlungen ohne tiefe Bedeutung) finde ich nicht oder nicht mehr stimmig und möchte sie verändern oder ersetzen?*
> *Welche Rituale fehlen mir im Paarbereich?*

Rituale in der Familie

»*Immer dann, wenn wir den Kopf leeren müssen, setzen sich meine Töchter und ich auf den Boden und sagen uns, was für uns stimmt und was nicht. Es darf nicht dreingeredet werden*« (♀, 54 Jahre). »*Wenn ich mit der Tochter meines Mannes etwas im Haushalt erledige, stellt sie mir jeweils alle großen Fragen des Lebens, die ich versuche geduldig zu beantworten*« (♀, 48 Jahre).

In Familien werden Rituale unterschiedlich oft und vielfältig gepflegt. Rituale können sich je nach Alter der Eltern und Geschwister auch ziemlich schnell ändern. Der sonntägliche Kirchgang ist in den letzten 40 Jahren bei vielen Familien dem gemütlichen Brunch oder dem Spiel auf dem Sportplatz gewichen, während Gute-Nacht-Lieder am Kinderbett oftmals noch genauso klingen wie zu Großmutters Zeiten.

Familienrituale werden stark vom sozialen Umfeld bestimmt. Wenn Müllers und Meiers in der gleichen Straße samstags stets das Auto waschen, den Gehsteig fegen und den Rasen mähen, dann werden Hubers dies mit großer Wahrscheinlichkeit ebenfalls tun. Und wenn die Nachbarskinder an Geburtstagen riesige Partys mit gemieteten Clowns, Ponys und Catering veranstalten dürfen, ist es schwer, sich dieser Dynamik zu entziehen.

Sozialpädagogische Institutionen für Betagte, für Kinder oder für Menschen mit Beeinträchtigungen funktionieren ähnlich wie Familien. Die dort Lebenden kommen oftmals mit dem Kalender und der Uhrzeit nicht zurecht und brauchen regelmäßige symbolische Akzente, die ihren Alltag, den Wochenverlauf und besondere Ereignisse im Jahresverlauf markieren, strukturieren und feierlich gestalten. In vielen Institutionen existieren alltägliche Rituale beim Aufstehen, bei den Mahlzeiten und beim Zubettgehen. Auch Geburtstagsfeste, Weihnachten, Karneval und Ostern laufen in manchen Heimen nach einem gleichbleibenden Schema ab.

In meiner Herkunftsfamilie war früher Weihnachten der Anlass, an dem wir uns alle trafen. Inzwischen feiern alle die Festtage anderswo. Mit dem Verschwinden des einen Rituals entstand jedoch ein neues. Vor sechs Jahren, als meine Mutter ihren 80. Geburtstag feierte, organisierten wir fünf Kinder ein gemeinsames Wochenende mit ihr – ohne unsere Ehefrauen, Partner und Kinder. Dieser einmalige Anlass hat sich inzwischen zu einem alljährlichen und sehr geschätzten Brauch entwickelt.

> *Welche Rituale wurden früher oder werden heute in meiner Herkunftsfamilie gestaltet?*
> *Welche Rituale meiner Herkunftsfamilie habe ich in meine jetzige Familie übernommen, welche bewusst nicht?*

➤ Welche Rituale meiner Herkunftsfamilie oder von meiner jetzigen Familie möchte ich ändern oder aufgeben?
➤ Welche Familienrituale vermisse ich?

Rituale im Freundeskreis

»Im Jahreszyklus mag ich verschiedene soziale Aktivitäten im Freundeskreis: das Plausch-Kegeln am 26. Dezember, das erste Käsefondue im Winter, den ersten Abend mit einheimischen Spargeln im Mai sowie ein Käse-Raclette im Sommer am offenen Feuer« (♀, 53 Jahre).

Für Jugendliche wird die Peer-Group irgendwann ebenso wichtig oder gar wichtiger als die Familie. Jugendgruppen und Freundeskreise drücken ihre Einzigartigkeit oft durch spezielle Zeichen, Begrüßungsgesten, sprachliche Ausdrücke, Kleidung oder musikalische Präferenzen aus. In der Regel sind diese Rituale im positiven Sinn identitäts- und gemeinschaftsbildend. Es ist aber auch bekannt, dass extremistische Gruppierungen Rituale gezielt einsetzen, um den Korpsgeist zu stärken und sich von anderen Menschen und Gruppen abzusetzen. Ritualkompetenz besteht darum auch darin, dass man sensibel auf Situationen reagiert, wo Rituale nicht verbinden, sondern trennen und dadurch diabolisch statt symbolisch wirken.

Vor über zehn Jahren gründete ich zusammen mit sieben Freunden eine Männergruppe. Wenn wir uns alle paar Monate am Freitagabend treffen, wird nicht einfach gefeiert, gegessen, getrunken und wild durcheinandergeredet, sondern jeder erzählt, was ihn in den unterschiedlichen Lebensbereichen bewegt, freut oder belastet. Im August gehe ich auch immer mit einigen Männern drei Tage lang segeln. Dieses Setting ist optimal, weil es einerseits bei viel Wind Action und Abenteuer beschert. Und bei Flaute hat man sehr viel Zeit zum Reden. Und einmal jährlich gehe ich mit ein paar Männern eine Woche lang fastend wandern. Auch dieses Setting ist genial, weil es einerseits Zeit zum stillen Meditieren erlaubt und andererseits viele Möglichkeit für den persönlichen Austausch.

- *Welche speziellen Rituale wurden früher oder werden heute in meinem Freundeskreis gestaltet?*
- *Welche Rituale im Freundeskreis finde ich besonders stimmig und hilfreich?*
- *Welche Rituale vermisse ich im Freundeskreis?*

Rituale am Arbeitsplatz

»Als Anwalt und Mediator begrüße ich die Klienten immer mit der Hand. Ich komme nie sofort zur Sache, sondern wechsle immer vor der eigentlichen Fallbesprechung ein paar persönliche Worte, hole den Klienten damit ab und schaffe eine positive Gesprächsatmosphäre« (♂, 57 Jahre). »*Da ich beruflich viel unterwegs bin, habe ich in jeder Stadt einen Ort, den ich jeweils für eine halbe Stunde aufsuche, um für mich allein zu sein. Meistens sind es Parkanlagen. Diese geben mir ein Gefühl von Heimat*« (♀, 54 Jahre). »Bevor die ersten Kursteilnehmer zu mir in den Sprachunterricht kommen, öffne ich immer die Fenster, schließe die Augen und atme ein paar Mal bewusst ein und aus« (♀, 57 Jahre). »Wenn ich jeweils das Schreiben eines Zeitungsartikels beendet habe, räume ich bewusst das Pult auf« (♀, 54 Jahre). »*In meiner Arbeit mit Kindern singe ich zu Beginn des Tages Lieder. Später essen wir gemeinsam das Pausenbrot. Und zum Abschied reichen wir uns immer die Hand*« (♀, 45 Jahre). »Rituell wähle ich am Morgen bewusst meine Garderobe aus und zelebriere das Umbinden der Krawatte« (♂, 69 Jahre). »Als Arzt schreibe ich jeweils eine Trauerkarte an die Angehörigen, wenn ein Patient verstorben ist. Ich verabschiede mich so von einer Person, mit der ich ein oft langes Vertrauensverhältnis erleben durfte« (♂, 57 Jahre). »*Als Sängerin erlebe ich den Alltag an der Oper vom Üben über das Einsingen, die Maske und das Anziehen des Kostüms bis zum Applaus als ein einziges wunderschönes Ritual. Am schönsten ist der Augenblick, wenn du merkst, dass die Stimme eingesungen ist, die Atemmuskulatur reflektorisch exakt arbeitet, du nicht mehr an die Technik zu denken brauchst und wo ›es‹ auf einmal anfängt zu singen*« (♀, 48 Jahre).

Unser beruflicher Alltag ist speziell bei Sitzungen und Meetings mit zahlreichen formalisierten Gesten, Worten und Zeichen verbunden. Ritualisierte Abläufe findet man aber auch in Militärkasernen, Schlössern, Kathedralen und Regierungsgebäuden. In den Teppich-Etagen von Banken, in Operationssälen und Gerichtssälen sind Kleidervorschriften und Handlungsabläufe stark reglementiert. In manchen Büroteams bringen Geburtstagskinder Kuchen mit, anderswo überraschen Mitarbeitende das Team nach den Ferien mit etwas Leckerem aus dem Ferienort. Zum Dienstjubiläum bekommen manche Angestellten vom Unternehmen ein Geschenk. Beurteilungsgespräche, Betriebsausflüge, Medienkonferenzen, Weiterbildungen und Weihnachtsessen sowie Rekrutierungen, Einführungen neuer Kollegen, Assessment Centers, Beförderungen, Auslandsentsendungen, Börsengänge, Jubiläen, Kündigungen sowie Entlassungen in den Ruhestand werden am Arbeitsplatz unterschiedlich stilvoll und bewusst gestaltet. In vielen Unternehmen wird heute versucht, mit speziellen Zeichen und Handlungen die Motivation und das Gemeinschaftsgefühl zu fördern, sei es mit Outdoor-Events, Volunteer Days oder mit gruppendynamischen Übungen.

Wenn Firmen fusionieren oder Abteilungen und Teams zusammengelegt werden, stoßen jeweils unterschiedliche Kulturen mit je eigenen Ritualen aufeinander. Das kann bereichernd oder konfliktreich sein, angefangen vom Dresscode, über die Sitzungskultur, die Grünpflanzen, die E-Mail-Verteilerliste bis hin zum Angebot im Getränkeautomaten. In manchen Unternehmen werden Geburtstage, Dienstjubiläen und Erfolge bewusst gefeiert, in anderen sträflich vernachlässigt oder – wie es Wiener zu sagen pflegen – nicht einmal ignoriert. Die Ritualkultur einer Firma oder Organisation zeigt sich bereits am ersten Arbeitstag. Wenn der Arbeitsplatz noch mit Müll vom Vorgänger belegt ist, die Position im Organigramm noch unklar ist, der Batch für die Türen noch nicht angefertigt ist, die Unterschriftenkompetenz erst nach der Probezeit festgelegt wird, das E-Mail-Konto erst am dritten Arbeitstag eingerichtet wird, die Daten für die kommenden Betriebsfeiern nicht kommuniziert werden und weder eine Hausführung noch ein Begrüßungsempfang stattfinden, lohnt es sich nicht, die Tasche überhaupt auszupacken. Denn der Stil wird sich im Verlauf der nächsten Tage, Monate und Jahre kaum bessern.

> ➢ *Welche Rituale im Arbeitsalltag finde ich schön und stimmig, lebendig und hilfreich?*
> ➢ *Welche Rituale am Arbeitsplatz finde ich nicht stimmig und möchte sie darum ändern oder aufgeben?*
> ➢ *Welche Rituale in der Arbeitswelt vermisse ich?*

Rituale in der Politik

Wie machtvoll die Gestaltung von Ritualen oder deren Unterlassung in der Politik sein kann, konnte man in London in den ersten Septembertagen des Jahres 1997 mitverfolgen. Queen Elizabeth II. riskierte beinahe den Untergang der britischen Monarchie, als sie sich nach dem Unfalltod von Prinzessin Diana drei Tage lang weigerte, die Flagge auf dem Buckingham-Palast als Zeichen der Trauer auf Halbmast zu setzen. Erst als die Medien und der Premierminister energisch reagierten und dem Staatsoberhaupt den Ernst der Lage klarmachten, gab die Queen nach. Auf dem politischen Parkett herrschen stark formalisierte Protokolle. Botschafter präsentieren sich der Präsidentin oder dem Präsidenten des Gastlandes beim Neujahrsempfang in einer strikten Reihenfolge. Und in Ansprachen werden Politiker in hierarchischer Ordnung begrüßt: Vertreter von Bund vor jenen der Länder und Kommunen. In der Schweiz werden Parlaments- vor Regierungsvertretern begrüßt, in Deutschland kommen die Regierungsmitglieder zuerst. Die Kreativität politischer Rituale steht allerdings indirekt proportional zur Strenge des Protokolls. Entweder posieren Politiker an Gipfeltreffen wie Schulklassen oder Jodelchöre für Fotos oder sie pflanzen Bäume, legen Kränze nieder, spazieren über rote Teppiche, unterzeichnen Dokumente, drücken sich die Hände, stecken sich Orden auf die Brust oder tauschen Geschenke aus. Ich erinnere mich gut, wie wir Kinder in den TV-Nachrichten in den 70er Jahren schmunzelten, wenn sich die Präsidenten der UdSSR und der DDR jeweils auf den Mund küssten. Dass der polnische Papst auf seinen Reisen jeweils den Boden des bereisten Landes küsste, empfand man zunächst als ein schönes Zeichen von Respekt. Mit der Zeit wirkte diese Geste jedoch eher als Zwangshandlung. Es entstand sogar der Witz, Johannes Paul II. wolle in der Sendung »Wetten, dass ...« beweisen, dass er alle Flugplätze der Welt an ihrem Geschmack erkenne.

Nationale Identitätsträger wie Flaggen und Nationalhymnen, Währungen und Nationalfeiertage haben stark rituellen Charakter. Wenn eine US-Flagge zu Boden fällt, muss man sie verbrennen. Als Neil Armstrong und Edwin Aldrin im Juli 1969 auf dem Mond die US-Flagge rituell entfalteten und hissten, drückten sie damit eine Art Eroberung mit widerrechtlichem Besitzanspruch aus. Im Nachhinein wird die Echtheit dieses Rituals allerdings angezweifelt. Denn auf den vermeintlichen Bildern vom Mond weht die US-Flagge, obwohl es auf dem Mond keinerlei Wind gibt. Auch andere Fahnen-Rituale prägen sich im kollektiven Gedächtnis ein. Als der TV-Sender ARD im Juli 2008 in den »Tagesthemen« 20 Sekunden lang eine rot-schwarz-goldene Flagge zeigte statt des schwarz-rot-goldenen Originals, brauste ein Sturm der Entrüstung durchs Land. Dass Flaggen eine starke Symbolkraft besitzen, zeigen auch Bilder von fanatischen Menschengruppen, die Flaggen feindlicher Nationen verbrennen. Etwas verwirrt sah ich im Herbst 2005 die TV-Bilder aus Pakistan, wo aufgebrachte Muslime die Schweizerfahne verbrannten. Ihre Wut und ihr Hass richteten sich allerdings gegen den dänischen Mohammed-Karikaturisten. Die Pakistani verwechselten die dänische Flagge mit der schweizerischen.

Zum Schmunzeln war hingegen der Besuch der Schweizer Bundespräsidentin Doris Leuthard im Jahr 2010 in Norwegen, als das königliche Garde-Orchester beim militärischen Begrüßungs-Ritual die ehemalige Schweizer Nationalhymne spielte. Da ich in der Schweiz seit 2013 das Projekt für einen neuen Nationalhymnentext leite, bekomme ich die Kraft dieses Rituals hautnah zu spüren. Zu Beginn erhielt ich sogar eine anonyme Morddrohung.

Die nationalen Feiertage beziehen sich oftmals auf Revolutionen wie der 14. Juli in Frankreich oder auf die Unabhängigkeit wie der 4. Juli in den USA und der 15. März in Griechenland. Wie sensibel die Schaffung von neuen Feiertagen ist, sah man nach dem Mauerfall in

Deutschland, als der 9. November und der 3. Oktober zur Wahl standen.

Der ehemalige Schweizer Verkehrsminister Moritz Leuenberger zeigte in einer Rede zum Thema »Rituale in der Politik« mit Ironie auf, dass der rituelle Gang zur Wahlurne ersetzt wurde durch die ökologische Prozession zur Altglas-Sammelstelle. Auch erzählte er in der Rede, wie er in den französischsprachigen Kantonen jeweils von Polizeieskorten mit Sirene über Rotlichter und Gegenfahrbahnen in rasendem Tempo zum Bestimmungsort chauffiert werde, während die Eskorten von Limousinen und Polizeiwagen in den deutschsprachigen Kantonen an jedem Zebrastreifen anhalten und den Fußgängern den Vortritt gewähren. Leuenberger erwähnte mit einem Schmunzeln auch die Schaffung neuer Rituale, die aus der Politwelt nicht mehr wegzudenken sind: John F. Kennedy gab im Jahr 1961 nach 100 Tagen Regierungstätigkeit eine Medienkonferenz, um seine erneuernde Effizienz unter Beweis zu stellen. Seither komme kein Gemeinderat mehr um dieses sinnlose Ritual der unmöglich schnellen Erfolge herum.

> *Welche politischen Rituale finde ich sinnvoll und schön, stimmig und hilfreich?*
> *Welche Polit-Rituale halte ich für unnötig und sinnlos?*
> *Für welche politischen Prozesse vermisse ich Rituale?*

Rituale im Sport

Im Sport gibt es eine Fülle von Ritualen, sowohl bei den Athletinnen und Athleten als auch im Publikum. Eröffnungszeremonien von Olympischen Spielen stellen in Bezug auf Feierlichkeit und Budget jede Papstmesse und jede Royal Wedding in den Schatten. Skifahrer bekreuzigen sich in der Startkabine, ehe sie mit 140 Sachen die eisige Piste hinunter donnern. Die Sieger von Formel-1-Rennen demonstrieren mit den Fontänen aus den phallischen Champagnerflaschen ihre männliche Potenz. Eishockeycup-Sieger erinnern mit dem herumwandernden Pokal ans letzte Abendmahl. Und bei König Fußball zollen die Kicker der Gästemannschaft gleich beim feierlichen Einzug dem gegnerischen Gastgeber Respekt, indem sie den Rasen im Stadion küssen. Und am Ende zelebrieren die Fußballhelden Versöhnung, indem sie ihre verschwitzten Shirts mit dem Gegner tauschen. Die Fans praktizieren während der zwei Stunden Schmäh-Hymnen und La-Ola-Wellen wie Gesänge und Kniebeugen im katholischen Hochamt. Die Schweizer Fußballer werden immer wieder kritisiert, weil sie beim Erklingen der Nationalhymne nicht wie die Franzosen euphorisch mitsingen. Aber erstens ist die Schweiz mehrsprachig und es ist mühsam, wenn die Spieler links und rechts in einer anderen Sprache singen. Zweitens sind viele Spieler noch Bürger eines anderen Landes und geraten beim Mitsingen in einen Loyalitätskonflikt. Drittens ist der Text der Schweizer Nationalhymne holprig und schwer zu memorisieren. Und viertens scherte sich vor 20 Jahren kein Mensch, wenn die Sportler die Hymne nicht sangen. Das Ritual, das mir von allen Sportarten am besten gefällt, erfolgt im Schweizer Schwingersport, wo zwei Kämpfer im Sägemehl versuchen, den anderen mit dem Rücken auf den Boden zu zwingen. Wenn sich der Verlierer nach dem Kampf erhebt, schüttelt ihm der Sieger das Sägemehl vom Rücken.

> ➢ *Welche Rituale finde ich im Sport besonders schön und stimmig, lebendig und hilfreich?*
> ➢ *Welche Sport-Rituale halte ich für sinnlos und unnötig?*
> ➢ *Welche Rituale vermisse ich im Sport?*

Rituale in Kulturen und Religionen

»Die Southern Baptists erneuern das zeitlich beschränkte Eheversprechen regelmäßig. Wer dieses Ritual ernst nimmt, wird sich besser auf seinen Umgang mit der Partnerin oder dem Partner besinnen« (♂, 80 Jahre). *»Bei einigen sogenannt ›primitiven‹ Völkern existieren eindrückliche Rituale für Jungs im Übergang zum Mannsein«* (♂, 57 Jahre). *»Ich schätze es sehr, dass Muslime in der Wohnung und in der Moschee die Schuhe ausziehen und dass sie sich waschen, ehe sie beten, essen oder jemanden besuchen. Das ist ein Zeichen des Respekts.*

Sie reinigen sich auch, bevor sie anderen ein Geschenk geben« (♀, 50 Jahre).

Religiöse Rituale, Feiertage und Festzeiten sind im Lauf vieler Jahrhunderte entstanden. Von manchen Ritualen ist der tiefere Sinn hinter den Formen bis heute lebendig und verständlich geblieben und hat je nach Kultur oder Religion unterschiedliche Ausdrucksformen angenommen. Ein Marienfest sieht in Sizilien und Polen, Argentinien und Haiti, Indien und Südkorea jeweils anders aus.

Viele christliche Rituale haben sich aus sogenannten heidnischen Bräuchen entwickelt. Auch heute beeinflussen zahlreiche Rituale aus anderen Kulturen und Religionen unsere Kultur und Religion. In Zukunft wären noch weitere Bereicherungen denk- und wünschbar. Die kleine Waschung vor dem Gebet der Muslime würde sich hervorragend eignen als Ritual für alle Völker, weil sie den Übergang vom Arbeits- und Freizeitbereich zu den spirituellen Handlungen sehr stimmig ausdrückt. Die äußerliche Reinigung bereitet und öffnet gleichzeitig das Innere.

Manche Zeitgenossen stehen den traditionellen Ritualen der abendländisch-christlichen Kultur kritisch gegenüber, während sie gleichzeitig unkritisch für afrikanische oder schamanische Initiations-, Opfer- und Ahnenrituale schwärmen. Schmunzeln muss ich jeweils, wenn Alt-68er sich von kirchlichen Frömmigkeitsformen radikal emanzipiert haben und sich in Zen-Meditationskursen kritiklos vor Buddha-Statuen verneigen und auf den Boden werfen.

Dass Rituale in anderen Religionen und Kulturen mit anderen Zeichen und Handlungen gestaltet werden, führt nicht selten zu Missverständnissen. Im schlechtesten Fall lösen sie Konflikte aus und im besten Fall regen sie wie die folgende Geschichte zum Schmunzeln an: Ein westlicher Soldat besuchte einmal bei einem Einsatz im afrikanischen Burundi das Grab eines verstorbenen Kameraden, um es mit Blumen zu schmücken. Am Grab daneben brachte ein Einheimischer eine Schale Reis zum Grab seiner Vorfahren. Der Soldat versuchte ihm die Absurdität seines Tuns klarzumachen: »Wann glaubst du«, fragte er, »werden deine Ahnen aus dem Grab steigen, um den Reis zu essen?« Der Einheimische überlegte kurz und entgegnete schmunzelnd: »Zur gleichen Zeit, wo dein Freund herauskommt, um an den Blumen zu riechen.«

Vor bald 20 Jahren erlebte ich ein ähnlich heiteres Ritual-Missverständnis. Eine jüdische Freundin, die sich frisch in einen katholischen Freund verliebte, wollte ihm im Advent mit einem Adventskalender eine besondere Freude bereiten. An einem Seidenband, das sie durch die Wohnung spannte, hängte sie lauter Pakete mit kleinen Aufmerksamkeiten für ihren Liebsten auf. Ich war von der Paketfülle beeindruckt und begann diese aus unerklärlichen Gründen zu zählen. Erstaunt sagte ich zu ihr: »Das sind ja 31 statt 24 Geschenke.« Worauf sie noch erstaunter reagierte und meinte: »Aber der Dezember hat doch 31 Tage.«

> ➤ *Welche Rituale der eigenen Religion finde ich schön und stimmig, lebendig und hilfreich?*
> ➤ *Mit welchen Ritualen der eigenen Religion oder Kultur habe ich Mühe?*
> ➤ *Welche Rituale aus anderen Religionen und Kulturen finde ich schön und stimmig, lebendig und hilfreich?*
> ➤ *Mit welchen Ritualen aus anderen Religionen und Kulturen habe ich eher Mühe?*
> ➤ *Welche Rituale fehlen meiner Meinung nach in unserer Zivilisation?*

Seinlassen und einlassen: Ritual-Phasen

*»Es muss das Herz bei jedem Lebensrufe
bereit zum Abschied sein und Neubeginne ...,
jedem Anfang wohnt ein Zauber inne.«*

aus dem Gedicht »Stufen« von Hermann Hesse

Rituale ereignen sich an räumlichen, zeitlichen oder sozialen Übergängen von Individuen, Gruppen oder Organisationen. Arnold van Gennep prägte den Begriff »rites de passage«, zu Deutsch: Übergangs- oder Schwellenrituale. Er teilte Rituale in drei Phasen oder Teil-Rituale ein: In der ersten Phase lösen wir uns vom Gewohnten und Vergangenen (»rite de séparation«). Im zweiten Teil-Ritual stehen wir auf der Schwelle zwischen zwei Räumen (»rite de marge«). Und in der dritten Phase lassen wir uns auf etwas Neues ein (»rite d'agrégation«).

Betrachtet man bei Ritualen die unterschiedlichen Phasen oder Teile, wird einem bewusst, dass Rituale die Zeit überhöhen, indem sie die Gegenwart mit der Vergangenheit und der Zukunft verbinden. In der folgenden Darstellung wird deutlich, dass Rituale wie der Durchlauferhitzer einer Kaffeemaschine wirken. Indem Rituale Veränderungsprozesse und die damit verbundenen Gefühle und Emotionen thematisieren und inszenieren, werden die Prozesse verdichtet und beschleunigt. Speziell nach Beerdigungsfeiern bekomme ich von Angehörigen oft die Rückmeldung, dass das Ritual den Trauerprozess signifikant weitergebracht habe. Rituale sind speziell bei schmerzhaften und existenziell dramatischen Lebensübergängen hilfreich, weil sie formalisierte Ausdrucksmöglichkeiten für Gefühle und Emotionen bieten und einen festen und klaren Handlungsrahmen enthalten.

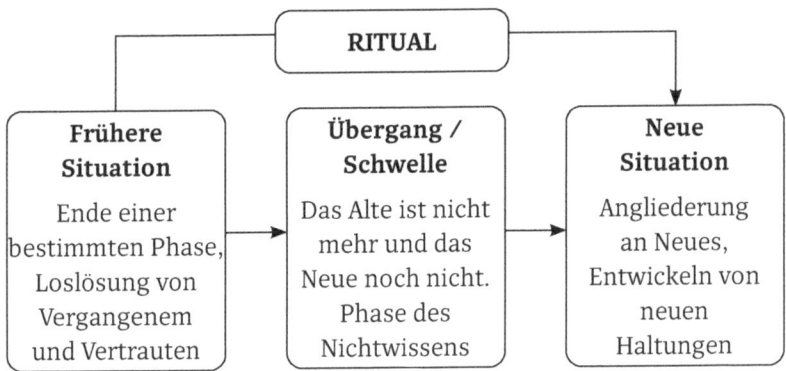

- ➢ Welche Wendepunkte meines Lebens erlebte ich als besonders bedeutsam, radikal und dramatisch?
- ➢ Welche bedeutenden Übergänge in meinem Leben waren mit einem speziellen Ritual verbunden?
- ➢ Inwiefern wurden die drei Phasen oder Teile des Übergangs bei meinen bedeutsamen Lebensübergängen zum Thema gemacht und rituell gestaltet?
- ➢ Bei welchen wichtigen Wendepunkten meines Lebens fehlten Rituale?
- ➢ Welche der noch anstehenden Wendepunkte und Übergänge in meinem Leben möchte ich mit einem Ritual gestalten?

Ablösungs-Phase

Jeder körperliche, geistige oder seelische Veränderungsprozess beginnt mit einem freiwilligen oder unfreiwilligen Abschied von einem früheren Zustand. Es muss nicht zwingend ein schmerzlicher Schicksalsschlag sein wie ein Unfall, eine Krankheit oder ein Todesfall. Auch wenn wir uns verlieben oder im Lotto gewinnen, geht ein früherer Zustand zu Ende und es kommt auf allen Ebenen ein intensiver Veränderungsprozess in Gange. Der erste Schritt bei der Gestaltung eines Rituals besteht darin, die Gefühle und Emotionen gegenüber dem vergangenen oder zu Ende gehenden Zustand zuzulassen und zu benennen. Meistens wirkt in uns eine Mischung von Gefühlen: Dankbarkeit und Wut, Trauer und Hass, Schuldgefühle und Rachegelüste. Je nach den mit dem Abschied verbundenen Gefühlen werden wir die erste Ritualphase mit unterschiedlichen Elementen verbinden. Beim Verabschieden, Sein- oder Ruhen-Lassen des Vergangenen übergeben wir Menschen oder Sachen in Ritualen oftmals einem der vier Elemente der Natur. In Abschieds- und Trennungsritualen übergeben wir normalerweise jemanden oder etwas der Erde, dem Wasser, dem Feuer oder der Luft. Wenn das Loslassen des früheren Zustands mit Freude und Dankbarkeit verbunden ist, verbinden wir das Ritual in der Regel mit einem guten Essen. Gestalten wir aber eine jahrelange Kampf-Scheidung mit einem Ritual, werden wir den Abschied vom früheren Zustand eher mit dem Anzünden oder Versenken eines Erinnerungsstücks verbinden.

- ➤ *Welche Rituale, die Abschied oder Trennung thematisierten, habe ich als stimmig und hilfreich erlebt?*
- ➤ *Welche Rituale, die Abschied oder Trennung thematisierten, habe ich als störend oder wenig stimmig erlebt?*
- ➤ *Welchen radikalen und dramatischen Abschied habe ich bisher nicht rituell gestaltet und möchte dies nachholen?*
- ➤ *Welchen noch anstehenden Abschiedsprozess möchte ich mit einem Ritual gestalten?*

Schwellen-Phase

Das Schweben im Niemandsland und Harren auf der Schwelle zwischen Nicht-mehr und Noch-nicht ist in Veränderungsprozessen oft am schwierigsten zu bewältigen und auszuhalten. Darum springen nach der Trennung von Partnern, Arbeitsstellen und Wohnorten manche direkt in eine neue Bindung hinein. Dadurch kommen viele wichtige Fragen gar nicht erst auf und alte Rollen- und Verhaltensmuster bleiben unverändert. Die Schwellenphase zwischen Nicht-mehr und Noch-nicht wird oftmals negativ als Krise, Loch oder Leere empfunden und bezeichnet. Dabei kann man diese Phase auch ganz anders sehen, nämlich mit den Augen eines Bauern. Dieser weiß genau, dass der Acker oder das Feld eine Brachzeit benötigt, um nachhaltig fruchtbar zu bleiben und neues Leben hervorzubringen. Die Schwellen-Phase oder die Brachzeit bildet den Raum, der echte Veränderung ermöglicht. In der Brachzeit müssen wir nicht wissen, was später kommen wird. Wir können die Zeit des Nicht-Wissens nutzen, um Träumen und Visionen Raum zu geben. Wenn wir diese Phase überspringen, laufen wir Gefahr, dass wir immer wieder das Bekannte und Gewohnte tun. In der Phase des Übergangs kann es hilfreich sein, wenn wir uns bewusst eine Auszeit (neulateinisch: Time-out) gönnen. Ein klassisches Ritual im Übergang zum Ruhestand oder bei einem Stellenwechsel bildet das monatelange Gehen auf dem Jakobsweg.

> ➤ *Bei welchen wichtigen Lebensübergängen habe ich die Phase der Schwelle nicht nur passiv ausgehalten oder übersprungen, sondern bewusst als Brachland oder Brachzeit gelebt und gestaltet?*
> ➤ *Bei welchem anstehenden Veränderungsprozess möchte ich die Brachzeit des Nichtwissens nicht nur aushalten, sondern bewusst leben und gestalten?*

Angliederungs-Phase

Wer immer jemanden oder etwas frei-, sein-, los- oder ruhenlässt, wird sich irgendwann wieder auf neue Menschen oder Projekte, Orte oder Aufgaben einlassen. Wie kräfteraubend und heikel Angliederungsprozesse sind, zeigen Versuche in Zoogärten, wo zur Arterhaltung seltene Tiere in bestehende Familien integriert werden. Nicht selten enden solche Versuche bei Löwen, Tigern oder anderen Tieren tödlich. Auch im Reich des Homo sapiens erfahren wir täglich, wie schwer sich beispielsweise Migranten und Einheimische mit der gegenseitigen Integration tun. Rituale können die Phase der Angliederung an eine neue Gruppe, an einen neuen Arbeitsplatz oder an eine neue Nachbarschaft erleichtern. Auch wenn jemand erstmals mit den Kindern seiner neuen Partnerin Ferien verbringt oder Weihnachten feiert, mit der Partnerin zusammenzieht oder sie heiratet, sind für die Kinder spezielle Rituale sinnvoll und notwendig. Kinder und Jugendliche brauchen starke

Zeichen, damit sie spüren, dass sie in der neuen Konstellation willkommen und daheim sind. Auch Hochbetagte, die wegen eines Unfalls ihre gewohnte Umgebung verlassen müssen und sich auf eine neue Umgebung in einem Pflegezentrum einlassen müssen, brauchen Willkommens-Rituale, die ihnen den Einstieg am neuen Ort erleichtern. Wenn ich Paare traue, die aus früheren Beziehungen eigene Kinder haben, werden in die Hochzeitsfeier jeweils Rituale integriert, die den Kindern in der neuen Konstellation einen klaren, sicheren und wichtigen Ort deutlich machen. Und wenn ich Beerdigungen gestalte, fordere ich die Freunde der Angehörigen jeweils auf, die Gattin des Verstorbenen in der nächsten Zeit bewusst zum Essen oder zu Ausflügen einzuladen, um eine neue Form der Beziehung mit neuen Rollen zu ermöglichen.

> *Wann, wo und wie habe ich bei Lebensübergängen die Angliederung ans Neue bewusst gestaltet?*
> *Bei welchen Lebensübergängen ist mir die Angliederung an eine neue Situation noch nicht gelungen? Was brauche ich?*
> *Bei welchen anstehenden Lebensübergängen möchte ich die Angliederung an eine neue Situation bewusst thematisieren und rituell gestalten?*

Sinnvoll, sinnlich, verständlich: Ritual-Ebenen

Die Gestaltung von Ritualen mit sinnlich wahrnehmbaren Zeichen und Gesten fällt uns in der Regel leichter als die Frage nach den stattfindenden Veränderungsprozessen und nach der tieferen Bedeutung von Symbolen. Bei der Planung und Gestaltung eines Rituals kommt die Frage nach dem Sinn und Ziel immer zuerst. Wenn Rituale stimmig und wirksam sein sollen, müssen alle drei Ebenen berücksichtigt werden: die sinnlich-immanente Ebene, die kommunikativ-transparente Ebene und die übersinnlich-transzendente Ebene.

Übersinnlich-transzendente Ebene

Es ist der tiefere Sinn, die transzendente Dimension, die eine Routinehandlung zum Ritual macht. Wenn wir Rituale kreieren wollen, die wir nicht schon x-fach selbst gestaltet oder mitgefeiert haben, besteht der erste und wichtigste Schritt der Planung darin, dass wir uns Gedanken machen über Sinn, Funktion und Wirkung der rituellen Handlung. Wenn ich beispielsweise meinen Übergang in den Ruhestand feiern will, dann überlege ich nicht zuerst, ob ich allen Anwesenden ein Album mit Fotos schenken oder alle zu einem Essen einladen soll, sondern was das Ende der vergangenen Lebensphase, die Brachzeit des Übergangs sowie der Beginn des neuen Lebensabschnitts für mich existenziell bedeuten, was sich für mich genau ändert und welche Gefühle mit den Veränderungsprozessen verbunden sind.

Erst wenn uns klar ist, ob mit den drei Phasen des Übergangs Angst oder Hoffnung, Freude oder Trauer, Dankbarkeit oder Wut verbunden sind, macht es Sinn, Gedanken über passende Gestaltungselemente anzustellen. Abhängig von meiner individuellen Situation und Gefühlslage wähle ich ganz andere Zeichen und Handlungen als meine Altersgenossen, um diesen Übergang zu gestalten.

Wenn die tiefere Bedeutung hinter einem Symbol oder Ritual nicht klar ist, kann das Ritual die beabsichtigte Wirkung nur schwer erzielen oder wirkt geradezu kontraproduktiv. Im November 2001 tötete ein Fanatiker, der sich als Opfer vom politischen Filz im schweizerischen Zug fühlte, 14 Politiker während einer Kantonsratssitzung und richtete anschließend sich selbst. Der Pfarrer plante, in der Trauerfeier für alle 15 Toten je eine Kerze zu entzünden. Dieses Ritual war theoretisch richtig, weil die Kirche auch für die Seelen von Tätern beten soll. Für die Hinterbliebenen war das Ritual jedoch ein unerträglicher Affront. Das eigentliche Problem war ein rituelles. Die Bedeutung der brennenden Kerze war nicht klar und eindeutig. Die Kerzen für die 14 ermordeten Politiker waren Ausdruck von Trauer, Schock, Liebe und Auferstehungshoffnung. Für den Täter aber hegten die Trauergäste Wut, Hass und Unverständnis. Für völlig konträre Gefühle dasselbe Zeichen oder Ritual zu verwenden, ist unmöglich oder würde eine lange Erklärung erfordern, die wiederum Gefahr läuft, das Ritual zu zerreden. Entweder ist ein Ritual klar, eindeutig und verständlich oder man lässt es lieber sein. Im Fall des Attentäters hätte man sehr wohl ein Ritual gestalten können, aber man hätte nicht eine fünfzehnte Kerze wählen dürfen, sondern einen Pflasterstein oder ein großes Fragezeichen verwenden müssen, um die Gefühle für ihn auszudrücken.

> *Bei welchen Ritualen waren mir der tiefere Sinn, die Funktionen, die Wirkungen und die inszenierten Veränderungsprozesse der Handlungen sehr bewusst?*
> *Bei welchen Ritualen waren mir der tiefere Sinn, die Funktionen, die Wirkungen und die inszenierten Veränderungsprozesse der Handlungen nicht sehr klar?*

Sinnlich-immanente Ebene

Wenn uns unsere Gefühle, die mit ritualisierten Veränderungsprozessen verbunden sind, klar sind, können wir nach der Devise »form follows function« Gedanken anstellen über sinnlich wahrnehmbare Gestaltungselemente. Der lateinische Ausdruck »Immanenz« besagt, dass in jedem Gegenstand unterschiedliche Botschaften stecken, die wir über die Sinne wahrnehmen können. Eine Rose sendet mit ihrer Form, ihrer Farbe und ihrem Duft eine andere Botschaft aus als ein Stein; ein Herz sagt uns etwas anderes als ein Kleeblatt, ein Fragezeichen oder eine Bombe. Je nach den in Ritualen inszenierten Prozessen und den damit verbundenen Gefühlen drängen sich bei der Ritualgestaltung bestimmte Elemente oder Gegenstände beinahe auf oder schließen sich automatisch aus. Abhängig von den gestalteten Prozessen und Gefühlen werden im Ritual eher Kerzen angezündet oder Blumen überreicht, Wasser versprüht oder Feuer entfacht, Lieder gesungen oder Champagner getrunken.

> ➤ *Bei welchen Ritualen habe ich die Sinn-Ebene (Funktionen, Wirkungen, Veränderungsprozesse) und die sinnliche Ebene (Gestaltungselemente) als besonders stimmig erlebt?*
> ➤ *Bei welchen Ritualen habe ich die Sinn-Ebene (Funktionen, Wirkungen, Veränderungsprozesse) und die sinnliche Ebene (Gestaltungselemente) als unpassend, störend oder gar widersprüchlich erlebt?*

Kommunikativ-transparente Ebene

Dass Rituale ihre beabsichtigte Wirkung erzielen können, liegt einerseits an der Stimmigkeit zwischen der transzendenten Sinn-Ebene und der immanent-sinnlichen Ebene des Rituals. Andererseits hängt der Erfolg von Ritualen auch von der Verständlichkeit der Zeichen und Handlungen bei den am Ritual Beteiligten ab. Traditionelle und allgemein bekannte Rituale sind quasi objektiv und darum kollektiv verständlich. Bei neuen Ritualen besteht die Kunst darin, sie so zu gestalten, dass sie für die Akteure subjektiv stimmig und authentisch sind und gleichzeitig von allen Beteiligten verstanden werden. Ein Zeichen oder eine rituelle Geste erreichen dann ihre symbolische Wirkung, wenn die Beteiligten den Gegenstand oder die Handlung als Zeichen oder Ritual deuten können und den Handlungen dieselbe Bedeutung zuordnen können. Wenn wir einen Pfeil mit der Aufschrift »Museum« sehen, ist uns klar, dass nicht dieser Pfeil das Museum ist. Und wenn von Polizeiwagen der Sirenen-Dreiklang ertönt, beginnen wir nicht zu singen, sondern gehen oder fahren so schnell wie möglich zur Seite.

Dass mich im Schwimmbad die Tattoos vieler Badegäste nicht in helle Begeisterung versetzen können, hat damit zu tun, dass ich den tieferen Sinn der Eidechsen, Anker, Wolfsköpfe oder Wikinger auf den Armen, Beinen und Rücken nicht entdecken kann. Und wenn jemand die Geburtsdaten der Kinder auf den Arm tätowiert, empfinde ich dies trotz der edlen Absicht als geschmacklos, weil man tätowierte Zahlen auf dem Arm mit Gefangenen in Konzentrationslagern assoziiert.

Wenn Rituale ihre beabsichtigte Wirkung erzielen wollen, müssen die Zeichen und Handlungen klar und verständlich sein. Wenn jemand in einer Kirche eine Kerze anzündet und jemand nicht weiß, dass man sich mit dieser Geste mit einer abwesenden oder verstorbenen Person verbindet oder einen Wunsch in den Himmel schickt, wird er es für eine hoch ineffiziente Art halten, um den Kirchenraum zu beleuchten und zu heizen. Und wenn Millionen Menschen am Fernseher jubeln, wenn aus einem Kamin weißer Rauch aufsteigt, wird man diese Begeisterung für eine kollektive Psychose halten, wenn einem die Symbolik nicht vertraut ist.

Wenn man neue Rituale kreiert, ist es wichtig, Zeichen und Gesten zu wählen, deren Bedeutung eindeutig und den Beteiligten klar ist. Bekannte von mir hatten vor einigen Jahren keine Lust, Weihnachten zum x-ten Mal im gewohnten Rahmen abzufeiern. Darum luden sie ihre betagten Eltern in den Wald ein, wo sie mit den Enkeln einen Baum schmückten, um diesen herumtanzten und Glühwein tranken. Die Eltern verstanden nicht, was dies mit Weihnachten zu tun hatte und reagierten befremdet und enttäuscht. Wenn Zeichen und Gesten nicht eindeutig, klar und selbsterklärend sind, bedürfen sie in rituellen Feiern einer Erklärung. Diese muss aber so kurz und knapp sein, dass die Rituale nicht zerredet werden.

Wenn ich zur Mitgestaltung eines Rituals eingeladen werde, das nicht schon tausendfach erprobt wurde, stelle ich den Beteiligten und mir selbst wiederholt die Frage: Was genau wollen wir mit Zeichen und Symbolen gestalten? Was wollen wir bewirken? Welche Prozesse wollen wir ausdrücken? Und welche Gefühle sind mit den Prozessen verbunden? Einmal wurde ich gebeten, ein Abschiedsritual zu gestalten an einer Schule, von dessen Dach ein Lehrer gesprungen war. Die lange Vorbereitung mit der Witwe und der Schulleiterin führte zur Erkenntnis, dass das Ritual vor allem aufzeigen soll, dass die Welt voller guter Engel sei, die uns helfen wollen, wenn wir in einer Krise stecken. Mit dieser klaren Botschaft war die Suche nach stimmigen Zeichen und Handlungen recht einfach. An der Feier schrieben alle 500 Schüler ihre Namen auf einen Papierstreifen, falteten diesen und legten ihn in einen Topf. Dann zog jedes Kind einen Zettel heraus, las den Namen des anderen Schülers und wirkte künftig als dessen unsichtbarer Engel. Monate später erfuhr ich, dass sich die Schüler öfter und leichter anderen anvertrauten, wenn es ihnen nicht gut ging und dass Schüler öfters von anderen gefragt wurden, wie es ihnen gehe. Hätten wir uns bei der Ritualvorbereitung nicht so viel Zeit und Raum gelassen für die Klärung der transzendenten Sinn-Ebene, hätten wir niemals die Zeichen und Handlungen gewählt, die eine so nachhaltige Wirkung erzielten.

> *Wann und wo habe ich bei Ritualen die Sinn-Ebene als besonders klar, verständlich und eindeutig erlebt?*
> *Wann und wo habe ich bei Ritualen den tieferen Sinn nicht verstanden oder erkannt?*

Schutz und Struktur: Ritual-Funktionen

Sind uns die unterschiedlichen Phasen und Ebenen von Ritualen bewusst, folgt bei der Planung von Ritualen noch vor den konkreten Gestaltungsfragen die Überlegung, was man mit dem Ritual erreichen will. Rituale intendieren und erzeugen eine breite Palette von Funktionen und Wirkungen. Rituale ordnen soziale Gebilde, Raum und Zeit, helfen bei der Bewältigung von Emotion und Krisen und führen zu mehr Selbsterkenntnis, psychischem und spirituellem Wachstum. Für Kulturwissenschaftler und Soziologinnen bilden Rituale den Kitt der Gesellschaft, Hirnforscher halten Rituale für Ordnungsstifter, und Ethnologen unterscheiden Rituale nach Funktionen wie Schutz, Opfer, Versöhnung, Bindung, Buße, Initiation, Ehrung, Trauer oder Reinigung. Je nach Situation und Kontext sind die Funktionen von Ritualen mehr soziokultureller, psychisch-emotionaler oder religiös-spiritueller Natur.

Wenn wir Kindern Gute-Nacht-Geschichten vorlesen, wollen wir Ihnen ein Sicherheitsgefühl und innere Ruhe vermitteln. Und wenn wir mit einer Schaufel Erde auf den Sarg eines Verstorbenen streuen, soll uns das Ritual den radikalen Abschied vor Augen führen. Indem wir Rituale gestalten und die Übergänge im Alltag, im Jahreszyklus und in der Biografie bewusst thematisieren und gestalten, verleihen Rituale unserem Leben Sinn und Struktur, was oftmals tiefe Freude und Dankbarkeit für das Leben überhaupt auslöst.

Struktur, Halt, Sicherheit

»Rituale schenken uns Halt im Alltag, der immer unübersichtlicher, gestresster, vollgestopfter und schnelllebiger wird« (♀, 41 Jahre). *»Rituale beinhalten und vermitteln Struktur und dadurch Sicherheit und Entspannung. Mir helfen Rituale, um Gedanken, Gefühle und Prozesse*

auszudrücken und ihnen eine Form zu geben, vor allem wenn ich keine Worte finde« (♀, 46 Jahre).

Rituale inszenieren Übergänge und machen uns den permanenten Wandel im Alltag, im Jahresablauf und in der gesamten Biografie bewusst. Und gleichzeitig verleihen sie durch ihre Wiederholbarkeit unserem Leben und unseren Organisationen auch Ordnung und Struktur, Halt, Sicherheit und Stabilität. Religionen wissen seit Jahrtausenden um die Halt gebende Wirkung von Ritualen. Darum haben sie feste Gebets-, Meditations- und Ritualzeiten im Alltag, im Wochen- und Jahreszyklus sowie von Geburt bis Tod kreiert und festgelegt.

Da mein Alltag praktisch keine Routinen kennt, schätze ich es, wenn meine Freizeit und der Jahresablauf mir und der Zeit eine klare Form geben. Zu Beginn des Jahres möchte ich wissen, wann ich Ferien mache und wie ich diese verbringen werde. Wenn ich auf »meinem« Berg jeweils wandern gehe, wähle ich zum nahen Gipfel zwar unterschiedliche Wege, aber ich gehe nur selten auf einen anderen Gipfel. Meine Partnerin und ich entschieden uns vor zwei Jahren, die zwei Wochen Sommerferien einmal daheim zu verbringen, weil die Wettervorhersage sehr positiv war. Diese Zeit, eine Art Ruhestand auf Probe, genossen wir enorm und machten deshalb das Experiment gleich zur Gewohnheit.

Die Gestaltung von Ferien und Freizeit trägt viel zur Struktur und zum Halt im Leben bei. Wer einen sehr strukturierten Berufsalltag hat, wird in der Freizeit vermutlich eher die Abwechslung oder gar das Abenteuer suchen. Wer im Alltag aber permanent Veränderungen erlebt, wird dies mit einer eher routinierten Freizeitgestaltung kompensieren.

> ➤ *Welche Rituale schenken meinem Alltag oder in größeren Übergängen Struktur und Halt?*

Integration und Identitätsstiftung

»*Rituale fördern das Gemeinschaftsgefühl, etwa beim Singen der Fans bei Eishockeyspielen*« (♂, 57 Jahre). »*Rituale verbinden die Menschen. Durch Rituale fühlt sich der Mensch zugehörig*« (♀, 46 Jahre).

Die Tatsache, dass manche soziale Strukturen wie Kirchen, Parteien, Gewerkschaften und Vereine in den letzten Jahrzehnten schwächer geworden sind, hat das Bedürfnis nach Identität und Zugehörigkeit nicht vermindert, sondern eher gefördert. Das Bedürfnis nach Zugehörigkeit ist bei aller Sehnsucht nach Autonomie ungebrochen. Für Gruppen und Organisationen bilden Rituale konstitutive Gedächtnisspeicher und emotionale Generatoren. Sportclubs wirken ebenso identitätsstiftend wie religiöse Gemeinschaften. Musikbands kultivieren ihre Fangemeinde. Der Wert von Unternehmen wird nach ihren Brands gemessen, die die Zugehörigkeit zu einer verschworenen Gemeinschaft suggerieren. Die Sehnsucht nach Zugehörigkeit zu einer bestimmten Gruppe oder Gemeinschaft von Konsumenten kann so groß sein, dass junge Leute gefälschte Label-Taschen oder Markenuhren kaufen oder sich für den Kauf von echten Produkten verschulden. Symbole und Rituale schaffen und fordern Beteiligung und Teilhabe. Wer bestimmte Zeichen und Handlungen als Symbole und Rituale deuten kann, ist Teil einer bestimmten Gruppe, Gemeinschaft oder Kultur. Manche Gruppen und Gemeinschaften wie die Freimaurer, die Juden und die Jesuiten wurden in der Geschichte (und teilweise heute wieder neu) angefeindet und verfolgt, weil deren geheimnisumwitterte Rituale und Zeichen als Bedrohung empfunden wurden. Jugendgruppen erzeugen Identität und Zugehörigkeit, indem sie ihre spezifischen Begrüßungs- und Abschiedsgesten stark zelebrieren und ganz bestimmte Kleider oder einen ähnlichen Haarschnitt tragen.

Rituale als Ausdruck von Identität und Gemeinschaft, Zugehörigkeit und Integration können auch fragwürdig oder gar verwerflich sein. Dabei denke ich nicht einmal an das Ausstrecken des rechten Arms beim Grüßen. Manche Aufnahme- oder Initiationsrituale in Männergruppen, sei es im Militär oder bei den Burschenschaften, sind mit demütigenden oder gefährlichen Praktiken verbunden. Weil Rituale identitäts- und gemeinschaftsstiftend sind, ist auch darauf zu achten, dass sie von Gruppen nicht instrumentalisiert und missbraucht werden, um dadurch andere Personen und Gruppen ab- und auszugrenzen.

Bei zahlreichen Veränderungen und Übergängen bezüglich der religiösen und nationalen Identität oder bezüglich des Engagements in Gruppen und Vereinen, Organisationen und Unternehmen gestalten wir keine Rituale. In den letzten Jahren habe ich mehrmals erlebt, dass Freunde oder Arbeitskollegen in einer Runde freudestrahlend mitteilten, dass sie eben das Schweizer Bürgerrecht erhalten haben. Meistens hoben die Umstehenden eine Sekunde lang die Augenbrauen und quittierten die Nachricht mit: »Ach so.« Für die betroffenen Personen aber bedeutet diese Veränderung normalerweise, dass sie sich jahrzehntelang als fremd, anders und nicht wirklich zugehörig erlebten und nun endlich zugehörig fühlen. Der Erhalt einer neuen Staatsbürgerschaft eignet sich ideal für eine rituelle Gestaltung. Falls man die frühere Staatsbürgerschaft ablegen muss, kann man ein bestimmtes Symbol jenes Staates einem der vier Elemente übergeben. Oder man kann Spezialitäten des alten und des neuen Heimatlandes zubereiten, Lieder aus beiden Regionen singen oder die Feier mit einer Reise in beide Länder verbinden.

> ➢ *Welche Rituale, die mit Zugehörigkeit zu einem Land oder zu einer Religion, zu einer Gruppe oder zu einer Organisation zu tun haben, habe ich in positiver Weise erlebt?*
> ➢ *Welche Zugehörigkeits-Rituale habe ich eher negativ erlebt?*
> ➢ *Welche Zugehörigkeits-Rituale vermisse ich in unserer Gesellschaft?*
> ➢ *Welche Zugehörigkeits-Rituale möchte ich in Zukunft gestalten?*

Versöhnung, Ausgleich und Kompensation

Im Film »Die 12 Geschworenen« hilft der Hauptdarsteller Henry Fonda seinem unterlegenen Rivalen in die Jacke, nachdem sie stundenlang pickelhart miteinander gestritten hatten. Rituale der Versöhnung und der Kompensation finden sich in allen Kulturen und Religionen. Diese Rituale befreien Sieger und Verlierer, Täter und Opfer aus ihren Rollenkorsetten und ermöglichen ihnen neue Verhaltensmuster. Beeindruckend finde ich beispielsweise das islamische Ritual bei Beerdigungen, wo die Feiernden dem Verstorbenen explizit alle Schuld vergeben und Gott bitten, dass der Verstorbene ihnen, den Hinterbliebenen, ebenfalls alle Fehler und Mängel vergeben möge. Rituale des Ausgleichs und der Kompensation bestehen in allen Lebensbereichen, zwischen Geschlechtern und Generationen, Armen und Reichen. Bei Ehepaaren mit traditionellen Rollenverteilungen besteht das Kompensationsrituale darin, dass der Mann nach Feierabend die Kinder betreut, mit ihnen das Zimmer aufräumt und sie ins Bett bringt, am Wochenende die Einkäufe besorgt und am Muttertag das Frühstück ans Bett serviert. In der Politik bestanden Ausgleichsrituale früher im Abtreten von Gebieten oder Königstöchtern. Das nach meiner Meinung eindrücklichste politische Versöhnungsritual gestaltete der damalige deutsche Bundeskanzler Willy Brandt am 7. Dezember 1970, als er sich in Warschau vor dem Mahnmal für die jüdischen Opfer des Aufstands im Warschauer Ghetto (1943) in tiefer Demut und Scham niederkniete. Gewisse Kompensationsrituale im politischen und rechtlichen Bereich sind allerdings fragwürdig. In mehreren US-Bundesstaaten wird noch immer die Todesstrafe zelebriert, obwohl es den Angehörigen der Opfer nach der Exekution der Täter vermutlich kaum besser geht.

> ➤ *Welche Ausgleichsrituale finde ich im Privatleben, am Arbeitsplatz oder im öffentlichen Leben positiv und befreiend, stimmig und fair?*
> ➤ *Welche Ausgleichsrituale finde ich fragwürdig im Privatleben, am Arbeitsplatz oder im öffentlichen Leben?*
> ➤ *Welche Ausgleichsrituale vermisse ich?*

Segen und Schutz

»Wenn ich auf der Autofahrt, beim Rad- oder Skifahren eine Gefahr für mich oder meine Kinder wittere, dann segne ich uns. Was immer als potenzielle Gefahr vor mir steht, lässt mich um Segen bitten und Segen erteilen« (♀, 55 Jahre).

Der Ausdruck »Segen« oder »Segnung« geht zurück auf das hebräische Wort »beracha«, die Wasserquelle. In den romanischen Sprachen geht das Segnen auf den lateinischen Ausdruck »benedicere« zurück, der passendes, gutes und positives Sprechen bedeutet. Es überrascht darum nicht, dass Segnungen meistens aus einem aufbauenden Wort und einer Zeichenhandlung mit dem Element Wasser bestehen. Im christlichen Kontext verbindet man einen Segen in der Regel mit dem Kreuzzeichen. In anderen Traditionen hält man beide Hände schützend auf oder über den Kopf der Person, die gesegnet wird.

Neben der Haustüre meiner Großmutter hing früher ein Weihwassergefäß. Wenn wir Enkelkinder bei ihr weilten, wenn unsere Eltern auf Reisen waren, und uns auf den Schulweg machten, zeichnete sie uns mit dem Weihwasser jeweils ein Kreuz auf die Stirn. Heute praktizieren meine Partnerin und ich diesen Brauch gegenseitig, wenn wir die Wohnung verlassen und ehe wir einschlafen. Vor etwa zwanzig Jahren besuchte ich einmal die sterbende Mutter eines Freundes im Krankenhaus. Als ich ihr beim Abschied spontan ein Kreuz auf die Stirn zeichnete, begann sie aus einer Mischung von Verwunderung, Glück und Trauer tief zu schluchzen und sagte nach einiger Zeit mit leiser Stimme und einem Strahlen im Gesicht: »Das habe ich seit meiner Kindheit nicht mehr erlebt.«. Später hörte ich, dass sie kurz nach diesem Ritual ruhig eingeschlafen und gestorben sei.

In einem halbwegs religiös geprägten Umfeld werden Privatwagen, Ambulanz- und Feuerwehrautos sowie Flugzeuge noch heute gesegnet, um vor Unfällen bewahrt zu werden. Wenn Schiffe erstmals ins Wasser gelassen werden und bei Posaunenklängen eine Champagnerflasche am Rumpf zerschellt, spricht man sogar von einer Taufe. In manchen Städten finden regelmäßig Segensfeiern für Tiere statt.

Rationale Zeitgenossen belächeln das Segnen gerne als Ausdruck von Aberglauben. Selbstverständlich halte ich das Segnen von Kriegswaffen für absurd, aber grundsätzlich bin ich ein Verfechter von Segnungen. Selbst wenn man die Wirkung durch ein göttliches Wesen bezweifelt, haben Segnungen wie das Gebet eine selbstwirksame Funktion. Wenn ein Autofahrer sich und die Mitfahrenden segnet, ehe er losfährt, macht er sich die Gefährlichkeit des Autoverkehrs bewusst und fährt vermutlich automatisch vorsichtiger.

Wer sich im Sommer hoch oben in den Schweizer Alpen aufhält, kann bei Sonnenuntergang die Alphirten hören, die einen Holztrichter wie ein Megafon vor ihren Mund halten und mit lauter Stimme Jesus, Maria und zahlreiche Heilige um Segen bittet für Herd, Hab und Gut sowie um Schutz vor Bären und Füchsen, vor Feuer und dem Teufel. Wenn ich früher in ländlichen Regionen im Sommer Gottesdienste gestaltete, kamen auffallend viele Bauern zur Messe, weil ich am Ende jeweils den Wettersegen sprach:

»Gott segne euch und schenke euch gedeihliches Wetter;
Gott halte Blitz, Hagel und jedes Unheil von euch fern.
Gott segne die Felder, die Gärten, die Weinberge und den Wald
und schenke euch die Früchte der Erde.
Gott begleite eure Arbeit, damit ihr in Dankbarkeit und Freude
gebraucht,
was durch die Kräfte der Natur und die Mühe des Menschen
gewachsen ist.«

In der spirituellen Literatur sind irisch-keltische Segensgebete besonders beliebt. In einer Synthese aus mehreren Gebeten entstand der folgende Reisesegen:

»Gott segne deinen Weg,
die sicheren und die tastenden Schritte,
die einsamen und die begleiteten,
die großen und die kleinen.
Gott schenke dir den Mut innezuhalten

und die Kraft Umwege zu machen.
Gott begleite dich wie ein Engel,
umhülle dich wie ein bergendes Zelt,
nähre dich wie das Brot und der Wein,
leuchte dir wie das Feuer in der Nacht
und führe dich unversehrt an dein Ziel.«

➢ *Welche Segens- und Schutzrituale empfinde ich als besonders stimmig, schön und hilfreich?*
➢ *Welche Segens- und Schutzrituale finde ich sinnlos, fragwürdig oder gar gefährlich?*
➢ *Welche Segens- und Schutzrituale vermisse ich?*

Form follows function: Ritual-Elemente

Erst wenn uns die unterschiedlichen Phasen und Ebenen, Funktionen und Wirkungen von Ritualen halbwegs bewusst sind, macht es wirklich Sinn, wichtige Veränderungen im Alltag, im Jahresablauf oder an Lebensübergängen mit sinnlich wahrnehmbaren Elementen zu gestalten. In der Architektur gilt der Grundsatz «form follows function» (FFF). Die Form folgt der Funktion bzw. dem Inhalt. Nicht selten habe ich es bei der Gestaltung von Hochzeiten, Kindersegnungen oder Trauerfeiern erlebt, dass jemand fast im ersten Satz meinte, dass sie unbedingt Wasser, Steine oder Sonnenblumen verwenden möchten. Bei kommerziellen Events kann man so vorgehen, nicht aber bei Ritualen, die Veränderungsprozesse gestalten.

Auch und gerade im Kapitel über die konkrete Ritualgestaltung sucht man vergeblich nach fixfertigen Rezepten. Darum stellt die folgende Checkliste lediglich die richtigen Fragen und liefert keine Antworten.

Ritual-Checkliste
- *Um welche Art von Übergang, den ich gestalten will, handelt es sich?*
- *Handelt es sich um einen persönlichen Übergang oder um einen Veränderungsprozess in einer Gruppe oder Organisation?*
- *Will ich ein Ritual im Alltag, im Wochen-, Monats- oder Jahreszyklus oder in meiner Biografie mit speziellen Zeichen oder Gesten gestalten?*
- *Welche tiefere Bedeutung soll das Ritual haben?*
- *In welchem Kontext gestalte ich das Ritual?*
- *Mit welchen Emotionen sind die Phasen des Abschieds, der Schwelle und der Öffnung auf Neues verbunden?*
- *Welche Wirkung will ich mit dem Ritual erreichen?*

> Welche Zeichen und Gesten sind besonders geeignet, um die beabsichtigte Wirkung zu erzielen (z. B. spezielle Texte, Reden, Bilder, Stille, Symbole, Geschenke, Lieder, Live-Musik, Licht, Spiele, Theater, Tanz und Bewegung, Feuer, Blumen, Düfte)?
> Wo will ich das Ritual gestalten?
> Gestalte ich das Ritual einmalig oder öfters – und wann?
> Wen lade ich zum Ritual ein – und wie?
> Welche Rollen nehmen die Beteiligten ein?
> Wie sollen die Beteiligten gekleidet sein?
> Was sollen die Beteiligten mitbringen oder vorbereiten?
> Was gibt es vor, während und nach dem Ritual zu essen und zu trinken?
> Braucht das Ritual Erklärungen oder Übersetzungen?
> Welche materiellen Ressourcen stehen zur Verfügung?
> Soll das Rituale mit einer auf Zukunft hin ausgerichteten Zusage verbunden sein?

Es lohnt sich, einige Fragen dieser Checkliste etwas genauer anzuschauen. Wer wird beispielsweise zum Ritual eingeladen – und in welcher Rolle? Welches ist der stimmige Ort für das Ritual? Soll das Ritual mehrmals stattfinden? Und welche Elemente entsprechen am besten der Sinn-Ebene und der beabsichtigten Wirkung des Rituals?

Mitwirkende oder Zuschauer – die Rollen

In einem Theaterstück oder Kinofilm tragen die Protagonisten klar definierte Rollen. Sie wirken als Hauptdarsteller, in Nebenrollen oder als Statisten. Die Stimmigkeit eines Rituals hängt ebenfalls stark davon ab, wer daran beteiligt ist und wer welche Rollen übernimmt. Wenn Paare ihre Hochzeit vorbereiten, enthält die Gästeliste oftmals eine Portion Sprengstoff. Wenn beide Partner ihre Eltern und Großeltern, Onkel, Tanten und alle Freunde einladen wollen, spüren sie irgendwann, dass die Rechnung räumlich und finanziell nicht aufgeht. Auch stellen sie spätestens bei der Planung den unterschiedlichen kulturellen Hintergrund fest. Bei der Braut aus Sizilien gehören 50 Personen zum engsten Familienkreis, beim Bräutigam aus Hamburg zählt der Familienkreis keine zehn Personen. Hinzu kommt, dass oftmals ein Partner vorwiegend Freunde und Arbeitskollegen am Fest dabei haben möchte, während das Gegenüber sich eine reine Familienfeier wünscht. Manchmal ist es sinnvoll, nach der zivilen Hochzeit eine Party mit Freunden zu feiern und zur Ritualfeier die Familien einzuladen – oder umgekehrt.

Meine Partnerin und ich wollten im Sommer 2014 zunächst eine Hochzeit mit rund hundert Gästen feiern und wir hatten bereits unser Lieblingshotel reserviert. Im Verlauf der Vorbereitung merkten wir aber, dass der wichtigste Punkt der Feier die gegenseitige persönliche Liebesbekundung war, für die uns ein kleiner, intimer Rahmen passender erschien. Darum entschieden wir uns, einen Paarsegen ohne Gäste zu feiern, was sehr stimmig und schön war, auch wenn wir vermutlich einige Verwandte und Freunde enttäuschten.

Die grundsätzliche Frage, wer an einem Ritual dabei sein darf oder soll und wer nicht, wird aus Konfliktscheu oder Friedhöflichkeit gerne ausgeklammert. Und die Frage, wer welche Rolle wahrnehmen soll, geht in den Vorbereitungsarbeiten ebenfalls gerne unter. Teilnehmende müssen nicht zwingend Zuschauerinnen und Zuhörer sein, sondern können spezifische Aufgaben übernehmen: Texte lesen, Lieder singen, Kerzen anzünden, Gedanken und Wünsche vortragen oder Mahlzeiten zubereiten.

Zunehmend stellt sich auch in der digitalen und virtuellen Welt die Frage, wen wir an unseren Ritualen und Veränderungsprozessen teilnehmen lassen wollen und sollen. Die Grenze zwischen Privatsphäre und Öffentlichkeit verdunstet, wenn wir unsere privaten Bilder und Videos reflexartig auf Facebook oder Instagram posten. Die Technik macht es heute möglich, dass intime Rituale direkt auf die Weltbühne projiziert werden und eine unkontrollierbare Wirkung erreichen. Darum ist es sowohl rechtlich als auch ethisch und psychologisch nötig, im Voraus zu klären, ob und in welcher Form über ein Ritual kommuniziert werden darf und soll.

- ➢ Wen möchte ich bei einem geplanten Ritual unbedingt dabeihaben? Wer darf dabei sein? Wer nicht?
- ➢ Wer hat welche Rolle und Aufgaben?
- ➢ Geschieht die Einladung kollektiv oder selektiv, lange geplant oder spontan?
- ➢ Gibt es abgestufte Teilnahmen wie bei Hochzeiten, wo die einen zur Zivilhochzeit mit Empfang, andere zum religiösen Ritual oder zum Bankett geladen sind?
- ➢ Wie regle ich die digitale Verbreitung von Bildern und Texten?

Wohnzimmer, Wald oder Wiese – der Ort

Persönliche Morgenrituale finden vermutlich im Bett, am Küchentisch oder unter der Dusche statt, Abschieds- und Begrüßungsrituale an der Wohnungstüre, runde Geburtstage im Lieblingsrestaurant und Hochzeiten in der Kirche, in einem Schloss oder auf einer Wiese am See. Manche Brautpaare wollen das Ja-Wort sogar während eines Fallschirmsprungs oder beim Tiefseetauchen austauschen. Wenn jemand ein Ritual im Freien gestalten will, ist es in unseren Breitengraden weise, einen Plan B ins Auge zu fassen für den Fall, dass es regnet, stürmt oder die Sonne brennt. Auch bei Trauerfeiern und Bestattungen wird heute der Ort nicht mehr gesellschaftlich bestimmt. Weil die Angehörigen in der Regel an verschiedenen Orten leben und weil man zumindest in der Schweiz die Asche überall verstreuen darf, existieren für die Abschiedsfeier und die Bestattung meistens mehrere Optionen. Um meinen Angehörigen keine möglichen Konflikte zuzumuten, habe ich in meinem Testament festgehalten, wie und wo die Abschiedsrituale dereinst erfolgen werden. Meine Asche soll auf meinem Hausberg verstreut werden. Und je nach Wetter soll die Abschiedsfeier zuvor am gleichen Ort oder in einem Kinosaal stattfinden.

- ➢ Bei welchen Ritualen habe ich den Ort stimmig erlebt – und warum?
- ➢ Bei welchen Ritualen habe ich den Ort unpassend und störend empfunden – und warum?

> *An welchem Ort möchte ich einen wichtigen Lebensübergang rituell gestalten?*

Täglich, jährlich oder einmalig – die Frequenz

Rituale sind wiederholbare Handlungen. Die Frequenz kann sehr unterschiedlich sein. Manche Paare schreiben sich täglich zehn Liebesbotschaften per WhatsApp und finden dies wenig. Andere tun dies einmal pro Woche und finden es mehr als genügend. Manche gehen täglich in die Kirche, andere nur bei Beerdigungen. Geburtstag, Karneval, Tag der Arbeit oder Nationalfeiertag begehen wir einmal jährlich, Einschlafrituale für Kleinkinder jeden Abend. Geboren, getauft, in die Rente entlassen und beerdigt werden wir einmal im Leben, während wir Wohnorte, Arbeitsstellen und Lebenspartner mehrmals wechseln können.

Wenn wir Rituale gestalten, ist die Frage der Frequenz wichtig. Konflikte entstehen in Wohngemeinschaften beispielsweise dann, wenn jemand täglich die Küche kehren und alles Geschirr spülen will und es den übrigen Mitbewohnern genügt, wenn einmal wöchentlich gereinigt wird. Und manche Paare geraten in Streit, weil der eine Teil die Eltern einmal monatlich besuchen will und der andere Teil nur alle zwei bis drei Monate.

Im weiteren Verlauf des Buches werden Rituale entsprechend ihrer Frequenz tiefer betrachtet: Alltagsrituale, zyklische Rituale (im Wochen-, Monats- und Jahresablauf) und Schwellenrituale an bedeutenden Übergängen im Leben.

> *Welche Rituale möchte ich eher öfter gestalten – und warum?*
> *Welche Rituale möchte ich eher weniger oft gestalten – und warum?*

Reden, Essen, Musik – Gestaltungselemente

Sind Sinn und Funktionen, Wirkungen und Prozesse von geplanten Ritualen klar, kommen für die konkrete Gestaltung zahllose sinnlich wahrnehmbare Elemente in Frage. In Ritualen kann man unterschiedlichste Dinge erklingen lassen, essen oder trinken, zerbrechen, verbrennen oder vergraben, dem Wasser übergeben oder in den Himmel steigen lassen.

So wie man sich in der Ritualvorbereitung für die Klärung der transzendenten Sinn-Ebene genügend Zeit gönnen sollte, ist es ebenso wichtig, sich bei der Suche von konkreten Zeichen und Gesten nicht gleich mit den erstbesten Ideen zufrieden zu geben. Rituale sollen zwar keine Originalitäts-Wettkämpfe sein, der Kreativität sollte man aber zunächst einmal freien Lauf lassen.

> ➢ *Bei welchen Ritualen finde ich die konkrete Gestaltung mit sinnlich wahrnehmbaren Mitteln (Texte, Bilder, Stille, Symbole, Speisen, Geschenke, Lieder, Musik, Licht, Spiele, Bewegungen, Blumen, Düfte usw.) besonders stimmig?*
> ➢ *Bei welchen Ritualen finde ich die die konkrete Gestaltung mit sinnlich wahrnehmbaren Mitteln nicht stimmig, verwirrend oder störend?*
> ➢ *Bei welchen Ritualen möchte ich für die die Gestaltung spezifische sinnliche Elemente und Mittel verwenden – und welche?*

Vom Morgen bis zum Abend: Alltagsrituale

Am Morgen eine Schale Blumen aufzustellen,
kann uns an einem überfüllten Tag ein Gefühl der Stille geben
—
wie ein Gedicht zu schreiben oder ein Gebet zu sprechen.

Anne Morrow Lindbergh (1906–2001)

Nach dem recht theoretischen Buchteil werden nun Rituale nach ihrer Häufigkeit betrachtet. Den Auftakt machen die Alltagsrituale. Die täglich oder regelmäßig wiederholten bzw. wiederholbaren Zeichen und Gesten verleihen unserem Alltag zwischen Erwachen am Morgen und Einschlafen am Abend Struktur und Halt, Sinn und Tiefe, Schönheit und Lebendigkeit.

Wie stark unser Alltag strukturiert ist und wie die einzelnen Elemente des Alltags mit Ritualen verbunden sind, konnten wir während der Corona-Krise erleben. Die Umstellung vom Büroalltag auf Home-Office mit gleichzeitiger Kinderbetreuung hat zahllose Gewohnheiten und Rituale radikal verändert.

Vom Kaffee kochen und der Zeitungslektüre am Morgen bis zum TV-Krimi am Abend steckt der Alltag voller Routinehandlungen, die je nach emotionaler Beteiligung und Sinntiefe mehr oder weniger Ritualcharakter besitzen. Hat die Dusche am Morgen oder am Abend für mich eine tiefere Bedeutung oder nicht? Wie bewusst gestalte ich Begrüßung und Abschied mit der Familie, mit Freundinnen und Arbeitskollegen? Ist der Beginn von Mahlzeiten mit einer rituellen Geste verbunden? Gibt es religiöse oder spirituelle Praktiken in meinem Alltag?

Das folgende Schema finden Sie wie alle Impulsfragen und Grafiken im Dokument, das Sie herunterladen können (siehe Kapitel Gebrauchsanweisung). In der ersten Spalte stehen die verschiedenen

Übergänge des Alltags. In der zweiten Spalte können Sie notieren, welche Übergänge Sie heute schon mit bedeutsamen Gesten und Zeichen verbinden. Und in der dritten Spalte können Sie notieren, welche Übergänge Sie heute noch nicht rituell gestalten, aber ein künftiges Ritual für attraktiv, hilfreich und sinnvoll halten. »Künftig« kann in wenigen Tagen, in zwei oder zehn Jahren bedeuten. Wichtig ist, dass Sie sich keinen Stress bereiten und nicht den Anspruch haben, die Wunsch-Rituale schon morgen umsetzen zu müssen. Es kann sogar so sein, dass Sie Rituale, die Sie seit Jahren täglich gestalten, verändern, weniger oft gestalten oder gar beenden wollen, weil die Rituale die erhoffte Wirkung nicht mehr bringen oder weil die Wirkung für Sie nicht mehr so wichtig ist. Weniger ist oftmals mehr.

Übergänge im Alltag	Ritual heute	Mögliches künftiges Ritual

> Welche Alltagsrituale, die ich heute gestalte, finde ich besonders schön und stimmig?
> Was schenken die Alltagsrituale mir, dem Tag, meiner Zeit, meinem Leben?
> Welche bisherigen Alltagsrituale möchte ich öfters, seltener oder anders gestalten – oder aufgeben – und warum?
> Welche Wunsch-Rituale möchte ich schon in nächster Zeit einüben und welche erst zu einem späteren Zeitpunkt?

Morgenstund hat Gold im Mund

»Am frühen Morgen mache ich Yoga und sitze im Schweigen, danach koche ich mir einen feinen Kaffee. Dieser bewusste Einstieg in den Tag stärkt meine Achtsamkeit und Präsenz, meine Ruhe, meine Beweglichkeit und mein Ausgerichtetsein. Es zeigt mir leise und unspektakulär

auf, was mir wichtig ist im Leben« (♀, 44 Jahre). *»Wenn ich erwache, drehe und strecke ich mich im Bett und empfinde dabei Dankbarkeit für die gute Nacht, die ich verträumt habe. Und ich freue mich, dass ich gesund einen neuen Tag erleben darf.«* (♀, 53 Jahre). *»Beim Frühstück unterhalte ich mich mit meiner Frau darüber, was wir heute machen, wen wir treffen und was sie unseren Bekannten per Smartphone posten will«* (♂, 80 Jahre). *»Unsere Wecker klingeln zwei Stunden vor dem Weggang aus der Wohnung. Erst bleiben mein Partner und ich eine Zeitlang liegen, halten uns und schlafen meistens nochmals ein, bis der Wecker ein zweites Mal läutet. Mit meiner Gesichtspflege könnte ich jeweils in zehn Minuten fertig sein, doch mit dem gepflegten Aussehen verleihe ich mir selbst Wertschätzung sowie Respekt den Mitmenschen gegenüber, denen ich im Verlauf des Tages begegnen werde. Dieser ruhige Start ohne Hetze schenkt mir Stabilität für den ganzen Tag«* (♀, 46 Jahre).

Die Aufsteh- und Morgenkultur zeigt beispielhaft auf, dass Rituale und Routinehandlungen im Alltag nicht glasklar voneinander zu trennen sind. Wenn ich morgens mit dem Mokka-Kaffeekännchen ein Herz auf die geschäumte Milch in der Tasse meiner Partnerin zeichne, ist es ein wenig Routine, weil ich mich nicht jeden Morgen grundsätzlich neu für diese Geste entscheide. Gleichzeitig ist die Handlung klar rituell, weil ich das Herz bewusst zeichne und nicht einfach je nach Stimmungslage ein Fragezeichen oder einen Blitz in die geschäumte Milch ziehe.

Zu den morgendlichen Ritualen gehört selbstverständlich auch das Ankleiden. Meine Kleiderwahl dauert nie länger als 30 Sekunden, während meine Partnerin sich bereits am Vorabend überlegt, was sie am folgenden Tag anziehen soll. Wenn ich Hochzeiten oder Beerdigungen gestalte, binde ich mir selbstverständlich eine Krawatte um, bin aber froh, dass dieses traditionelle Zeichen bei Sitzungen, Geschäftsessen und Konzerten weitestgehend verschwunden ist.

> ➤ Welche meiner morgendlichen Handlungen enthalten eine tiefere Bedeutung und haben darum rituellen Charakter?
> ➤ Welche Wirkung haben meine Morgenrituale?

➢ *Welche meiner Morgenrituale möchte ich ändern, weniger regelmäßig gestalten oder aufgeben?*
➢ *Welche Morgenrituale vermisse ich und würde sie gerne in mein Leben integrieren?*

My home is my castle

Sag mir, wo und wie du wohnst, und ich sage dir, wer du bist. Die Gestaltung des Privatbereichs sowie das Verlassen und Betreten der Wohnung sagen viel über uns aus. Die Trennung von öffentlichem und privatem Lebensbereich ist je nach Kultur und Religion unterschiedlich stark: »*Die Wohnung verlasse ich stets aufgeräumt. Die äußere Ordnung und die Gepflegtheit der Räume schenken mir innerliche Ordnung und Klarheit.*« (♀, 46 Jahre) »*Bewusst lege ich einen kurzen Zwischenstopp an der Türschwelle ein und frage mich: Wo gehe ich hin? Auf wen oder was will oder muss ich mich positiv einstellen?*« (♀, 45 Jahre)

Eine Freundin von mir wird oft eingeladen, Wohnungen oder Häuser zu räuchern, wenn neue Mieter oder Besitzer einziehen. Neu gebaute Krankenhäuser oder Schulen werden oftmals vom Dorfpfarrer eingesegnet. Und am 6. Januar ziehen in katholischen Gegenden verkleidete Könige von Haus zu Haus und zeichnen beispielsweise anno 2021 die Zeichen »20 - C + M + B – 21« an die Türrahmen der Hauseingänge. Die drei Buchstaben C-M-B stehen einerseits für die biblischen Könige Caspar, Melchior und Balthasar, andererseits für »Christus mansionem benedicat« (Christus möge diese Wohnstätte segnen). In manchen Wohnungen hängt ein Weihwassergeschirr neben der Eingangstür, wo die Bewohner ihren Zeigefinger beim Hinausgehen ins Weihwasser tippen und mit dem Wasser ein Kreuz auf ihre Stirn zeichnen.

➢ *Welche Räume oder Gegenstände haben in meiner Wohnung oder in meinem Haus eine besondere Bedeutung und spezielle Funktionen?*

> Wie bewusst verlasse ich morgens meine Wohnung oder das Haus? Mit welcher rituellen Handlung verbinde ich diesen Übergang beim Rausgehen?
> Welches Übergangsritual vermisse ich, wenn ich vom privaten in den öffentlichen Bereich gehe – und umgekehrt?

Hallo und tschüss

In der mobilen Pendlergesellschaft, wo Wohnort, Arbeitsplatz und Freizeitraum geografisch oft weit voneinander entfernt liegen, sind der permanente Abschied und das ständige Ankommen zum Normalfall geworden. Gleichzeitig sind wir durch den stets verfügbaren Kontakt via Telefon und Kurznachrichten nie wirklich weg und kommen entsprechend auch nicht mehr wirklich an. Die Art und Weise, wie wir uns im Alltag begrüßen und verabschieden, sagt auf der individuellen Ebene wie auch kollektiv in den unterschiedlichen Kulturen viel über die Nähe und Beziehung zwischen den Menschen aus. Vom Partner verabschieden wir uns anders als von den Eltern, von den Kindern anders als von den Kollegen oder Freunden: »*Menschen, die mir nahestehen, begrüße und verabschiede ich mit einer herzhaften Umarmung. Auch ein bewusstes Händeschütteln finde ich sehr schön. Was ich nicht so mag, sind die Küsschen links und rechts auf die Wange*« (♀, 46 Jahre). »*Die meisten Menschen verabschiede ich mit einem Händedruck, gerne berühre ich auch den Rücken oder die Schulter oder die Hand mit meinen beiden Händen und halte die Person etwas länger, wenn sich etwas Spezielles ereignete*« (♀, 57 Jahre). »*Wenn mein Partner und ich uns verabschieden oder schlafen gehen, zeichnen wir uns immer ein Kreuz auf die Stirne. Wir tun dies auch per Telefon, wenn wir räumlich voneinander getrennt sind*« (♀, 46 Jahre). »*Bei der Begrüßung blicke ich den Menschen in die Augen, lächle und gebe ihnen die Hand. Frauen gebe ich gerne zwei Küsse auf die Wange und hoffe dabei, dass wir nicht nur die Luft daneben küssen, sondern Zuneigung oder zumindest Gewogensein bewusst empfinden*« (♂, 80 Jahre). »*In der Schweiz gehen mir als Deutsche drei Küsse zur Begrüßung und drei Küsse zum Abschied oft zu nahe. Ich finde, ein einziger Kuss würde reichen«* (♀, 57 Jahre).

Begrüßungs- und Abschiedsrituale sind stark kulturell geprägt. Ich staune jeweils, wenn meine männlichen Freunde ihre Väter mit einem Händedruck begrüßen und verabschieden. Blaublütige Mitglieder des Hochadels umarmen grundsätzlich keine rotblütigen Normalsterblichen. Als Michelle Obama einmal Queen Elizabeth II. herzlich in den Arm nahm, wurde diese schöne Geste als Affront bewertet. Schmunzeln musste ich, als George W. Bush im Juni 2007 den Papst in Rom mit »Sir« begrüßte. Der bayerische Pontifex nahm es dem texanischen Cowboy aber nicht übel. Muslimische sowie jüdisch-orthodoxe Frauen und Männer berühren sich gegenseitig in der Öffentlichkeit nicht. Statt Handschlag, Umarmung oder Wangenkuss legen Frauen und Männer die rechte Hand auf ihr Herz, wenn sie sich begrüßen und verabschieden. Diese Geste drückt zugleich Zärtlichkeit und Respekt aus.

Am Arbeitsplatz existieren auch sehr unterschiedliche Begrüßungs- und Abschiedskulturen. Als ein Freund vor einigen Jahren in einem Krankenhaus zu arbeiten begann, war er erstaunt, dass E-Mails unter Kollegen immer mit »Hallo Urs« begannen und mit »Gruß, Monika«, »Tschüss, Paul« oder nur mit dem Namen ohne Grußformel endeten. Zunächst wollte sich mein Freund an diesen sachlichen Stil anpassen, aber ich ermutigte ihn, E-Mails konsequent mit »Lieber x« zu beginnen mit »Herzliche Grüße« zu beenden. Und siehe da: Schon nach wenigen Wochen begannen die Mitarbeitenden, die freundlichen Grußformeln von Urs zu übernehmen.

Die #MeToo-Debatte hat viele Männer verunsichert bezüglich Begrüßungs- und Verabschiedungsrituale mit Frauen und Kindern. Wegen des Generalverdachts bezüglich Grenzüberschreitungen verzichten manche Männer generell auf Umarmungen, selbst wenn dies manchmal befremdend wirkt. Letzthin sagte mir die achtjährige Tochter einer Freundin, der ich bei der Begrüßung nüchtern die Hand reichte: *»Du darfst mich schon umarmen, tu nicht so distanziert.«* Wahrscheinlich wäre es einfach sinnvoll, dass man vor jeder Begrüßung das Gegenüber fragt, welche Form von Nähe bzw. Distanz stimmig ist.

- ➤ Welche Begrüßungs- und Abschiedsrituale gestalte ich bewusst?
- ➤ Welche Begrüßungs- und Abschiedsrituale finde ich besonders stimmig und schön?
- ➤ Welche Begrüßungs- und Abschiedsrituale finde ich nicht stimmig und möchte sie darum ändern?
- ➤ Welche Begrüßungs- und Abschiedsrituale vermisse ich im Privatleben, am Arbeitsplatz oder in der Öffentlichkeit?

Mahlzeit!

»*Ich versuche mir jeweils vorzustellen, woher die gekochten Speisen kommen und was alles mit ihnen geschehen ist, bis sie auf den Teller vor mir gelangten. Ich danke den Nahrungsmitteln, dass ich sie essen darf. Und ich danke den Menschen, die zur Herstellung und Zubereitung der Speisen beigetragen haben*« (♀, 33 Jahre). »*Als Muslim spreche ich vor der Mahlzeit die ›Bismillah‹ und nach der Mahlzeit lobe ich Gottes Gnade*« (♂, 66 Jahre). »*Wenn wir mit den Kindern essen, dann singen wir zu Beginn ein Lied*« (♀, 62 Jahre). »*Mein Mann, die beiden Buben und ich reichen uns zu Beginn der Mahlzeit im Kreis die Hände*« (♀, 49 Jahre). »*Wenn ich allein esse, beginne ich die Mahlzeit mit einem stillen Dank*« (♀, 53 Jahre). »*Ich achte beim Essen auf den Atem. So wird das Essen vom Engel der Luft gesegnet. Und ich esse langsam, wodurch die Speichelbildung und die Vorverdauung angeregt werden. Dadurch wird das Essen auch vom Engel des Wassers gesegnet*« (♀, 46 Jahre).

Obwohl es noch nie so viele Kochbücher, TV-Kochsendungen und Restaurantführer gab, sind Mahlzeiten in unserem Kulturkreis daran, als sozialer Akt zu verschwinden. Auf der Straße schaufeln immer mehr Menschen ihr Essen im Gehen lust- und genussfrei in den Rachen und lesen dabei Nachrichten auf ihrem Smartphone oder telefonieren. Auch beim Essen am Tisch starren immer mehr Menschen auf ihre Bildschirme. Weil beim Essen das Tempo immer wichtiger wird, spielt es auch eine immer geringere Rolle, ob eine professionelle Bedienung Hintergrundinformationen über das Essen geben kann. Ich fürchte, dass sich die Menschen früher oder später sogar vom mühsamen Akt des Essens befreien und die Nahrung mit einer individuell abgestimmten Nährlösung injizieren werden.

Familien und Regionen, Länder, Kulturen und Religionen prägen mit Regeln, Traditionen und Ritualen rund ums Essen unsere Identität und unser Gefühl von Zusammengehörigkeit. Je nach Religion oder Konfession, Familie oder Kultur aß man an bestimmten Feiertagen die immer gleichen Speisen oder durfte an bestimmten Fest- oder Trauertagen bestimmte Speisen nicht zu sich nehmen. Heute sind es eher säkulare Bewegungen wie Veganer und Vegetarierinnen, die unser Essverhalten ethisch und moralisch bewerten und neue Zugehörigkeiten kreieren.

Das rituelle Anstoßen mit Alkohol geht auf die Ritter zurück, die im Mittelalter häufig Gift in die Krüger ihrer Widersacher mischten. Um sicherzugehen, dass man nicht einem Mordanschlag zum Opfer fiel, wurden die schweren Krüge beim Zuprosten so fest aneinander gestoßen, dass etwas Bier oder Wein vom einen Krug in den anderen schwappte. Wer also dem Feind Gift ins Getränk schüttete, lief Gefahr, selbst vergiftet zu werden. Heute würde dieser ursprüngliche Sinn des Zuprostens in Discos und Clubs einen neuen Sinn erhalten, weil dort Frauen manchmal K.o.-Tropfen ins Glas geschüttet werden.

In meiner Kindheit ging ich oft mittags in der Familie meines Freundes Yvo zum Essen oder er kam in unsere Familie. In seiner Familie wurde vor dem Essen gebetet, bei uns nicht. Ich fand das Essensgebet schön, weil es einen klaren Beginn der Mahlzeit setzte. Gleichzeitig drückte der Vater oben am Tisch auch klar aus, wer hier der Chef am Tisch ist. Jahre später hörte ich einmal den Witz, in dem sich zwei Kinder mittags auf dem Heimweg über das Beten vor dem Essen unterhielten. Der eine sagte: »Wir beten immer vor dem Essen. Betet ihr auch?« Worauf der andere entgegnete: »Nein, wir beten nie, meine Mutter kann kochen.« Heute müsste man den Witz politisch korrekt vermutlich so erzählen: Sagt der eine: »Wir beten immer vor dem Essen. Betet ihr auch?« Antwortet der andere: »Nein, wir beten nur, wenn Papa kocht.«

Als ich in den 90er-Jahren in Paris studierte, empfand ich es jeweils als Akt des Respekts gegenüber der Köchin oder dem Koch, wenn die Franzosen beim Essen neben Kinofilmen und Literatur fast nur über das Essen selbst sprachen. Die Köchin oder der Koch muss in Frankreich bei Tisch jeweils lang und breit erklären, welche Gewürze verwendet wurden, wie lange das Fleisch geschmort hat, wie das Gemüse blanchiert und sautiert wurde und wo welcher Käse eingekauft wurde.

Abends bekoche ich meine Partnerin und mich sehr gerne. Erstens ist das Kochen für mich eine Art Entschleunigungsritual, bei dem ich am Feierabend wie der Computer herunterfahre. Zweitens ist das Kochen für mich eine Art Lebensschule, indem ich jeweils versuche, mit den vorhandenen Lebensmitteln ein möglichst gutes Mahl zu zaubern. Und drittens tausche ich mit meiner Partnerin während des Kochens aus, was uns tagsüber beschäftigt hat. Zusammen mit meiner Partnerin lade ich oft Freunde zum Abendessen ein. Einladungen besitzen einen stark rituellen Charakter und beinhalten mehrere bedeutsame Phasen. Zuerst überlegen wir, welche Gäste wir für anregende Gespräche zusammenbringen wollen. Dann stellen wir uns Gedanken an, was sie wohl gerne essen. Beim Kochen diskutieren wir manchmal bereits über die Fragen und Themen, die wir abends einbringen möchten. Zur inneren Vorbereitung gehört auch die äußere. Einladungen geben uns jeweils einen guten Grund, die Wohnung in Schuss zu bringen. Ein gelungenes Essen ist letztlich ein Gesamterlebnis von Begegnung und Genuss, Ernst und Heiterkeit, Schenken von Zeit und Aufmerksamkeit. Die Küche samt Esstisch räume ich hinterher am liebsten allein in Ruhe auf, um die Eindrücke nochmals Revue passieren zu lassen und weiterführende Gedanken anzustellen.

Auch mittags am Arbeitsort treffe ich mich oft mit Freunden und Geschäftspartnern zum Essen und gönne mir längere Mittagspausen, weil der Kontakt per E-Mail oder Telefon niemals die Qualität eines Gesprächs besitzt. Auch Sitzungen terminiere ich gerne in die Mittagszeit. Entweder kaufe ich für die Anwesenden das Essen ein oder bitte sie, etwas zum Essen in mein Büro mitzubringen. Die Gesprächsatmosphäre ist eindeutig entspannter, wenn man dabei lustvoll und genussvoll essen kann. Gemeinsames Essen schenkt den Beteiligten das Gefühl, dass sie füreinander wichtig sind.

> ➢ Wo und wann erlebe ich Mahlzeiten als Rituale mit einer tieferen Bedeutung?
> ➢ Welche Rituale finde ich bei täglichen oder besonders feierlichen Mahlzeiten schön und stimmig, hilfreich und gemeinschaftsstiftend?
> ➢ Welche Rituale finde ich bei Mahlzeiten unpassend oder gar störend und möchte sie darum ändern oder aufgeben?
> ➢ Welche Rituale vermisse ich bei alltäglichen oder besonderen Mahlzeiten, ob allein, in der Familie, am Arbeitsplatz oder in der Öffentlichkeit?

Herunterfahren und abschalten

»Ich fahre kurz vor Feierabend den Computer herunter, schaue diesem Vorgang zu und schalte in dieser Zeit selbst ab. Früher dauerte dies jeweils eine Minute, heute nur noch ein paar Sekunden« (♂, 57 Jahre). *»Ich nehme vom Büro zum Bahnhof absichtlich nicht den Bus, sondern gehe die halbe Stunde zu Fuß«* (♂, 63 Jahre). *»Wenn ich unterwegs bin, höre ich einen Radiosender mit beruhigendem Jazz oder mit klassischer Musik«* (♀, 41 Jahre). *»Bevor ich zur Haustüre eintrete, atme ich ein paar Mal bewusst ein und aus und versuche meinen Kopf zu leeren, um bereit zu sein für meine Familie, die mich drinnen erwartet«* (♀, 41 Jahre).

Manchen fällt das Ankommen daheim leichter, wenn man dort zuerst etwas Manuelles tun kann wie Blumen gießen oder Abendessen bereiten. Manche duschen sich den Arbeitsalltag vom Leib und wechseln bewusst die Kleidung, um sich von ihrer beruflichen Rolle zu befreien. Manche setzen sich gleich mit der Partnerin oder dem Partner gemütlich hin und tauschen ihre Erlebnisse aus. Und manche versuchen bewusst, vor den anderen Familienmitgliedern daheim zu sein, um sich etwas Stille zu gönnen: *»Ich zünde ein paar Kerzen an, koche* *mir Tee, lese und genieße die Stille, bis mein Mann von der Arbeit heimkehrt«* (♀, 48 Jahre).

Vielen fällt es schwer, nach dem Arbeitstag abzuschalten, runterzufahren und den Übergang ins Privatleben zu finden. Die Tatsache, dass das Smartphone Teil des Arbeitsplatzes ist und daheim stets griffbereit ist, erschwert das Abschalten zusätzlich.

Wer beruflich mit schweren Schicksalen konfrontiert ist, die man nicht wie einen Mantel an der Garderobe ablegen kann, benötigt nicht nur regelmäßige Supervision oder Coaching, sondern auch ein tägliches Feierabend-Ritual. Dolmetscherinnen, die tagsüber für Opfer von Verbrechen oder die Schicksale von Flüchtlingen übersetzen müssen und wie diese in der »ich«-Form sprechen müssen, sind ganz besonders auf Rituale angewiesen, die ihnen helfen, sich von den eingenommenen Rollen zu trennen.

Manche Frauen beklagen sich über ihre Gatten, die zwar abends physisch daheim sind, aber innerlich noch im Büro weilen und nicht selten einnicken neben dem spielenden Kind. Am besten gelingt der Feierabend, wenn wir uns vom Arbeitsplatz bewusst verabschieden. Das gelingt nicht, wenn wir uns abends mit schlechtem Gewissen durch die Hintertür aus dem Büro schleichen. Am hilfreichsten ist es, wenn wir die noch arbeitenden Kollegen erhobenen Hauptes explizit verabschieden und ihnen einen erholsamen Abend wünschen.

Mir hilft das Herunterfahren am Feierabend, wenn ich den Schreibtisch im Büro völlig leer hinterlassen kann. Die Heimreise im Zug erleichtert den Übergang ins Privatleben zusätzlich. Und wenn ich schließlich vom Bahnhof nach Hause spaziere, fühle ich mich oft wie in den Ferien.

> ➢ *Welche Rituale helfen mir, um den Arbeitsplatz loszulassen und mich auf das Privatleben einzulassen?*
> ➢ *Welche Rituale vermisse ich beim Übergang von der Arbeitswelt in den Privatbereich?*

Sleep well, sweet dreams!

Die Abend- und Einschlafkultur ist ebenso wichtig wie die Morgen- und Aufsteh-Rituale. Vor allem Kinder brauchen zum Einschlafen ihre vertrauten Lieder und Geschichten, Gesten und Umarmungen, Kissen und Decken, Puppen und Plüschtiere, Milchflaschen und Beleuchtungskonzepte: »*Als meine Kinder klein waren, war das Abendgebet vor dem Einschlafen jeweils enorm wichtig. Sie dankten im Gebet für das Erlebte, dachten an andere Menschen und wünschten sich ein gutes Herz*« (♀, 54 Jahre). »*In meinem abendlichen Tagesrückblick freue ich mich am Erledigten und nehme mir das Liegengebliebene für einen der nächsten Tage vor. Dabei übe ich mich in Nachsicht mir selbst gegenüber und rufe mir amüsiert in Erinnerung, dass ich in meinem Alter eigentlich nichts mehr muss, sondern die Dinge, die Zeit und die Menschen einfach genießen darf*« (♂, 84 Jahre). »*Den Tag beende ich mit Körperübungen, einigen tiefen Atemzügen, einem guten Buch sowie Segensgrüßen für meine Lieben und auch für die weniger Geliebten*« (♀, 57 Jahre). »*Wenn ich das Licht lösche, bitte ich um Segen für Menschen in jenen Gegenden, wo auf dem Planeten gerade die Lichter angehen*« (♂, 59 Jahre). »*Den Tag beende ich mit einem Kuss an meinen Mann und einem ›Ave Maria‹*« (♀, 54 Jahre). »*Vor dem Einschlafen reflektiere ich den vergangenen Tag: Was war schön, was war nicht so erfreulich? Besonders schöne Momente trage ich in mein ›Rosinenbuch‹ ein. Das ist ein Tagebuch, in das ich ausschließlich schöne Ereignisse notiere. Auch stelle ich mich innerlich auf den nächsten Tag ein mit seinen Aufgaben, Terminen und Begegnungen*« (♀, 46 Jahre). »*Am Abend reibe ich im Bett meine Hände und Füße mit einer feinen Crème ein und lese noch zwei bis drei Seiten, ehe ich einschlafe*« (♀, 50 Jahre). »*Wenn mir mein Partner im Bett ›Gute Nacht‹ sagt, nehmen wir uns in die Arme und sagen uns etwas Liebevolles*« (♀, 50 Jahre). »*Meine Frau und ich zeichnen uns gegenseitig vor dem Einschlafen ein Kreuz auf die Stirn*« (♂, 56 Jahre).

Bis vor etwa sieben Jahren hatten meine Partnerin und ich einen Fernseher und schauten am Sonntagabend manchmal die Krimiserie »Tatort«. Da ich nach der Sendung die Szenen innerlich nochmals auf ihre logische Stringenz hin durchspielte, konnte ich jeweils lange nicht einschlafen. Auch wenn wir abends Nachrichten mit Bildern aus Kriegsgebieten sahen, drehten sich die Bilder hinterher noch lange im Kopf. Dass wir das Gerät entfernten und uns seither abends gegenseitig aus einem Roman noch ein paar Seiten vorlesen, war eine der besten Entscheidungen, selbst wenn wir heute bei Gesprächen über Netflix-Serien nicht mitreden können.

- *Mit welchen rituellen Handlungen beende ich den Tag?*
- *Welche abendlichen Rituale geben mir ein gutes Gefühl und lassen mich friedvoll einschlafen?*
- *Welche abendlichen Rituale bereiten mir eher Mühe, den Tag loszulassen?*
- *Welche Rituale vermisse ich am Abend und vor dem Einschlafen?*

Sie können jetzt gerne auf die Seite 62 zurückblättern und Ihre Notizen im Diagramm ergänzen.

- *Was hat sich durch die Lektüre und die Impulsfragen in meinem Verhältnis zu Alltagsritualen verändert?*
- *Welches Alltagsritual, das ich bereits praktiziere, hatte ich anfänglich bei der Aufzählung vergessen?*
- *Welches Alltagsritual, das ich praktiziere, möchte oder sollte ich aufgrund der Lektüre verändern oder anpassen?*
- *Welche Alltagsrituale, die ich in Zukunft in mein Leben integrieren möchte, sind beim Lesen dieses Buchteils neu als Wunsch-Rituale hinzugekommen?*

Alle Jahre wieder: zyklische Rituale

Zahlreiche Rituale gestalten wir nicht täglich, sondern im Wochen-, Monats- oder Jahresrhythmus. Die Ambivalenz mancher Zeitgenossen gegenüber Ritualen richtet sich speziell gegen diese zyklisch wiederholbaren und wiederholten Feiern, weil diese emotional oft stark aufgeladen und in formalisierten Abläufen erstarrt sind. Manche Jahresrituale werden von den einen heiß geliebt und eisern verteidigt und von den anderen heftig kritisiert oder gänzlich aus der Agenda verbannt. Manche Zeitgenossen fallen an Weihnachten regelmäßig in eine Krise oder scheuen Geburtstagsfeiern wie der Teufel das Weihwasser, während andere vor besonderen Kalendertagen wochenlang in Vorfreude schwelgen: *»Ich liebe Weihnachten, Ostern und Geburtstage, weil wir uns dabei unserer kulturellen Wurzeln bewusst werden und weil ich die Rituale im Kreise unserer Liebsten feiern darf«* (♀, 55 Jahre).

Immer wieder sonntags: Wochen-Rituale

»Meine liebsten Wochenrituale sind der Gang über den Markt und der Kauf von Blumen fürs Büro. Am Samstagmorgen gehe ich sehr gerne im Dorf zum Frühschoppen mit Freunden« (♀, 53 Jahre). *»Einmal wöchentlich genieße ich ein Base-Bad. Dieses regeneriert mich physisch und psychisch. Wenn ich nach dem Bad den Stöpsel aus dem Ablauf ziehe, spüre ich, wie der Ballast der letzten Tage abfließt. Wenn ich am Wochenende morgens jogge, atme ich tief ein und aus. Ich nehme förmlich ein Luftbad«* (♀, 46 Jahre). *»Am Sonntag gehe ich oft in den nahen Bergen spazieren und nehme die Isodecke, die Thermosflasche und ein Buch mit«* (♀, 57 Jahre). *»Sonntags pilgere ich morgens zum nahegelegenen Kloster, besuche die Messe und spaziere wieder nach Hause. Dann genieße ich mit meinem Mann bei klassischer Musik einen gemeinsamen Brunch«* (♀, 46 Jahre).

Wochenrituale schenken vielen Menschen Halt sowie eine Beheimatung in der Zeit. Manche sind richtig traurig, wenn in Ferienzeiten am Dienstagabend das Turnen, der Chor oder die Orchesterprobe ausfallen. Andere freuen sich schon am Mittwoch auf das Feierabendbier vom Freitag. Und zahlreiche junge Eltern organisieren an einem Abend der Woche einen Babysitter und gehen zu zweit entspannt auswärts essen. Der arbeitsfreie christliche Sonntag und der jüdisch-biblische Sabbat dienen an sich der Ruhe. Nichtstun steht jedoch im krassen Gegensatz zu unserer Leistungsethik und zur westlichen Leistungsgesellschaft. Erst die Zunahme von Burnout-Patienten führt uns die Notwendigkeit von Ruhezeiten wieder neu vor Augen.

Wie bei den Alltagsritualen können Sie nun auch bezüglich Wochenritualen Ihren Ist-Zustand und Ihre Wünsche im Diagramm notieren. Auch hier gilt: Wunsch-Rituale in der rechten Spalte müssen nicht zwingend und schon gar nicht sofort realisiert werden.

Übergänge im Wochenablauf	Ritual heute	Mögliches künftiges Ritual

- *Welche wöchentlichen Rituale finde ich besonders schön und stimmig, hilfreich und befreiend?*
- *Welche wöchentlichen Rituale schenken mir in besonderer Weise Sinn, Freude und Halt?*
- *Welche wöchentlichen Rituale finde ich eher überholt, zwanghaft, belastend und störend?*
- *Welche wöchentlichen Rituale vermisse ich im Privatbereich, am Arbeitsplatz oder im öffentlichen Leben?*
- *Welche Rituale möchte ich im Wochenzyklus künftig bewusst gestalten – und warum?*
- *Welche Wochenrituale möchte ich im obigen Diagramm ergänzen, ändern oder streichen?*

An jedem Ersten: Monats-Rituale

Der Monatszyklus ist für gebärfähige Frauen besonders prägend: *»Wenn meine Regelblutung einsetzt, wird mir jedes Mal bewusst, wie schön es trotz Schmerzen ist, eine Frau zu sein und wie unglaublich genial der menschliche Körper arbeitet«* (♀, 46 Jahre). Der Monatszyklus ist auch für Lohn- und Rente-Empfangende prägend: *»Sobald das Monatsgehalt auf dem Bankkonto liegt, gehe ich in die Stadt und mache mir ein kleines Geschenk: ein Buch, ein ätherisches Öl oder so«* (♀, 48 Jahre).

Mein älterer Bruder arbeitete als Jugendlicher während der Ferien immer bei der Post. Am 25. Tag des Monats musste er jeweils die Altersrente bar im ganzen Dorf auszahlen. Alle Bewohner wussten, dass er als 15-Jähriger mit rund 100.000 Franken in der Tasche unterwegs war. Abends kam er jeweils sehr zufrieden mit mehreren Schokoladen und Trinkgeld von der Tour zurück.

Wie bei den Alltags- und den Wochen-Ritualen können Sie im folgenden Diagramm Ihren Ist- und Wunsch-Zustand bezüglich Monatsritualen notieren.

Monatliche Übergänge	Ritual heute	Mögliches künftiges Ritual

> ➢ *Welche monatlichen Rituale finde ich besonders schön und stimmig, hilfreich und befreiend?*
> ➢ *Welche monatlichen Rituale schenken mir in besonderer Weise Sinn, Freude und Halt?*
> ➢ *Welche monatlichen Rituale finde ich eher überholt, zwanghaft, belastend und störend?*
> ➢ *Welche monatlichen Rituale vermisse ich im Privatbereich, am Arbeitsplatz oder im öffentlichen Leben?*

- Welche monatlichen Rituale möchte ich künftig bewusst gestalten – und warum?
- Welche Monatsrituale möchte ich im obigen Diagramm ergänzen, ändern oder streichen?

In wachsenden Ringen: Jahresrituale

»Mit den Kindern, die eine mehrfache Behinderung haben, empfangen wir im Heim die Drei Könige zum Jahresbeginn. Vor Ostern basteln wir Nester, die ich verstecke. Gegen Jahresende besucht uns der Nikolaus. Und vor Weihnachten backen wir zusammen Kekse. Die Geburtstage werden nach einem klaren Schema zelebriert. Und jeder Morgen beginnt mit Singen im Kreis« (♀, 41 Jahre).

Der Übergang vom 31. Dezember auf den 1. Januar ist seit dem Jahr 1582 eine Referenz an den gregorianischen Kalender, aber ohne Bedeutung für den jüdischen und den islamischen, den kirchlich-liturgischen und den griechisch-orthodoxen, den chinesischen und den japanischen, den indischen und den iranischen, den Inka- und den Maya-Kalender. Allen Kalendern gemeinsam ist die Tatsache, dass Menschen aus allen Epochen und Kulturen die Zeit nach dem Verlauf von Sonne oder Mond einteilten und den Beginn eines neuen Zyklus mit rituellen Feiern verbanden. Neben dem Beginn des Jahreskalenders richten sich viele jährlich wiederkehrende Rituale nach der Natur, nach religiösen oder nationalen Ereignissen, nach lokalen Bräuchen oder familiären Traditionen. Bei jährlich wiederkehrenden Ritualen fällt uns in unserem Kulturkreis vermutlich zuerst Weihnachten ein. Und wenn wir etwas länger nachdenken, werden uns eine ganze Reihe weiterer Tage und Feiern einfallen, die eine tiefere Bedeutung haben.

Wenn meine Partnerin im Frühjahr die Pflanzen auf dem Balkon aus den Schutzfolien enthüllt, neue Sträucher setzt und zum ersten Mal offene Schuhe tragen kann, blüht sie richtig auf. Und wenn sie im Herbst die Pflanzen auf dem Balkon wieder einpacken muss, trauert sie dem Sommer förmlich nach. Sie erinnert mich jeweils an die Kölner, Luzerner, Basler, Villacher, Venezianer und Brasilianer, die sich schon am letzten Tag des Karnevals nach dem Beginn der nächsten Narrenzeit sehen.

Wie bei den Alltags-, Wochen- und Monats-Ritualen können Sie auch im Jahres-Diagramm Ihren Ist- und Wunsch-Zustand notieren und nach der Lektüre der folgenden Seiten Ergänzungen vornehmen.

Übergänge im Jahresablauf	Ritual heute	Mögliches künftiges Ritual

> ➤ *Welche jährlichen Rituale finde ich besonders schön und stimmig, hilfreich und befreiend?*
> ➤ *Welche jährlichen Rituale schenken mir in besonderer Weise Sinn, Freude und Halt?*
> ➤ *Welche jährlichen Rituale finde ich eher überholt, zwanghaft, belastend und störend?*
> ➤ *Welche jährlichen Rituale vermisse ich im Privatbereich, am Arbeitsplatz oder im öffentlichen Leben?*
> ➤ *Welche jährlichen Rituale möchte ich künftig bewusst gestalten – und warum?*
> ➤ *Welche jährlichen Rituale möchte ich im obigen Diagramm ergänzen, ändern oder streichen?*

Der Zauber des Anfangs: Neujahr

Der Übergang in ein neues Jahr wird unabhängig vom Kalendertyp, der Kultur oder Religion mit guten Wünschen und oft auch mit hehren Vorsätzen verbunden: *»Ich räume an sich jeden Tag meine Siebensachen auf. Zum Jahreswechsel nehme ich es aber besonders genau. Ich möchte keine Altlasten aus dem alten Jahr ins neue Jahr mitnehmen. Ich putze die Wohnung und starte so ins neue Jahr«* (♀, 50 Jahre).

Seit zehn Jahren erteile ich jeweils an den ersten drei Januarwochenenden Kurse zur Standortbestimmung. Diese sind immer gut besucht, weil der Jahreswechsel eine spezielle innere Offenheit erzeugt, um zurückzublicken, Vergangenes ruhen zu lassen, nach vorne zu schauen und sich über die eigenen Ziele und Werte bewusst zu werden.

- ➢ Welche Neujahrsrituale finde ich schön und stimmig?
- ➢ Welche Neujahrsrituale finde ich fragwürdig oder störend?
- ➢ Welche Neujahrsrituale Rituale vermisse ich?

Happy Birthday to you!

»Meistens lade ich am Geburtstag Freunde ein und bekoche sie« (♀, 44 Jahre). *»An meine Mutter, Schwestern, Patenkinder, Neffen und Freunde schreibe ich Glückwunschkarten stets von Hand. Enttäuscht bin ich, wenn ich Glückwünsche per WhatsApp, Facebook oder E-Mail erhalte, obwohl die Wünsche liebevoll und ehrlich gemeint sind«* (♀, 46 Jahre). *»Wenn eines meiner Kinder Geburtstag feiert, gehe ich frühmorgens für das Geburtstagskind frische Wiesenblumen pflücken. Dann bereite ich einen Geburtstagstisch mit den Blumen, mit Kerzen, Karten, Geschenken, Kuchen und Frühstück. Ist das Geburtstagskind wach, singen wir ihm ein Ständchen«* (♀, 48 Jahre).

Das Feiern des Geburtstags galt im Christentum bis ins 20. Jahrhundert hinein als heidnischer Brauch. Die Kirche lehrte, dass das Leben nach dem Tod das eigentliche und wesentliche Leben sei. Mönche und Nonnen feiern darum auch heute noch vor allem ihren Namenstag bzw. den Todestag ihres Namenspatrons und nicht ihren Geburtstag.

Ich feiere meinen Geburtstag jedes Jahr mit einem Fest, um so meine Freude über das Leben und über meine Freundschaften auszudrücken und zu teilen. An den Feiern lade ich die Gäste jeweils ein, kurz zu erzählen, was sie im Moment besonders beschäftigt. Manche erzählen von Krankheiten und Todesfällen, andere von Reisen, von beruflichen Misserfolgen, Verliebtheit oder von ihrer Sinnsuche. Die authentischen

Zeugnisse schaffen eine spezielle Verbundenheit zwischen den Gästen, die dadurch zu Akteuren werden.

Speziell an runden Geburtstagen wird einem bewusst, dass bestimmte Phasen des Lebens zu Ende gehen. Die Trauer darüber wird jedoch selten bewusst angesprochen und rituell ausgedrückt. Menschen feiern ihren Geburtstag, während Firmen, Stiftungen und Staaten den Tag ihrer Gründung zelebrieren. Geburtstage und Jubiläen sind nicht nur ideale Gelegenheiten, um die Gläser zu erheben, sich zu umarmen und auf die Schultern zu klopfen, sondern auch über anstehende Veränderungsprozesse nachzudenken und diese bewusst einzuleiten.

> ➢ *Welche Geburtstags- oder Jubiläums-Rituale finde ich stimmig?*
> ➢ *Welche Geburtstags- oder Jubiläums-Rituale finde ich unpassend?*
> ➢ *Welche Geburtstags- oder Jubiläums-Rituale vermisse ich?*

Ab ans Meer! Reise- und Ferien-Rituale

Ferien und Reisen sind »rites de passage« im wörtlichen Sinn. In der Zeit von Odysseus, Abraham und Moses waren Reisen wahre Abenteuer, vor deren Antritt die Zelte definitiv abgebrochen wurden. Der Abschied wurde im Bewusstsein gestaltet, einander nie mehr wiederzusehen. Diese Angst spüren Kinder und Menschen mit einer geistigen Behinderung heute noch, weil sie kein ausgeprägtes Zeitgefühl haben. Darum brauchen sie Zeichen und Rituale, die klar ausdrücken, dass der Abschied kein definitives Ende, sondern nur eine Zwischenphase bedeutet. Auch wenn Eltern von kleinen Kindern länger wegfahren, sollten sie die Abreise rituell gestalten, um den Kindern Sicherheit zu schenken.

Die heutige Gefahr von Reisen und längeren Abwesenheiten besteht eher darin, dass wir durch die permanente Erreichbarkeit via Mobiltelefon, Skype, WhatsApp und E-Mail gar nie wirklich abwesend sind. Manche Eltern tauschen mit ihren Kindern mehrmals täglich Whatsapps mit Bildern aus, speziell wenn die Kinder auf Reisen ist.

Dadurch sind die Kinder nie wirklich weg und können nach der Rückkehr kaum noch Neuigkeiten erzählen. Als Kind und Jugendlicher habe ich es jeweils genossen, dass die Eltern von mir wochenlang keine Nachrichten hatten. Und nach der Rückkehr hatten wir uns jeweils viel zu erzählen.

Vermutlich pflegen wir alle mehr oder weniger bewusst Reise- und Ferienrituale. Weil der tiefere Sinn von Reisen in der Begegnung mit anderen Menschen, Kulturen, sozialen und kulturellen Situationen liegt, knipsen wir vom Fremden und Unbekannten Fotos und bringen unseren Verwandten und Freunden Souvenirs nach Hause. Und weil der tiefere Sinn von Ferien (was nicht dasselbe ist wie eine Reise) in der Erholung liegt, werden wir daheim Fotos von schönen Stränden, vom Liegen in der Hängematte und von Cocktails bei Sonnenuntergang präsentieren.

Zu meinen Ferien-Ritualen gehört bereits die Hotelsuche im Internet. Meine Partnerin und ich bestimmen zunächst gemeinsam die Ferienregion, dann mache ich ihr aufgrund bestimmter Kriterien ein paar Hotelvorschläge und sie darf die Wahl treffen. Rituell erlebe ich auch das Packen. Die Reduktion unserer Siebensachen auf einen einzigen Koffer führt jeweils zu spannenden Diskussionen über die Frage, was wir am anderen Ort tatsächlich brauchen und was wir einfach gerne dabeihätten. Rituell erlebe ich auch die Suche nach zwei bis drei Büchern, die wir uns auf der Reise oder in den Ferien gegenseitig vorlesen wollen. Für private Ferien wählen wir als Transportmittel den Zug. Das schließt zwar Erholung in anderen Kontinenten aus, aber auf diese Weise reduzieren wir den ökologischen Fußabdruck und erhalten einen engeren Bezug zum Ferienort, wenn wir diesen er-fahren und nicht er-fliegen. Unser beliebtestes Ferien-Ritual pflegen wir jeweils am Tag vor der Rückfahrt. Unabhängig voneinander kaufen wir füreinander eine Ansichtskarte, schreiben darauf einen liebevollen Text, drücken einen Kuss auf die Briefmarke und schieben die Karten nacheinander in den Briefkasten. Weil wir uns die Karten am Ferienort nicht zeigen, warten wir daheim jeweils gespannt auf die Karten, auf das gewählte Bildmotiv und den Text. Manchmal geschieht es, dass wir das gleiche Bildmotiv wählen. Die Ansichtskarten der letzten zehn

Jahre hängen alle an einem roten Seidenband im Schlafzimmer. Vor dem Einschlafen betrachten wir die Karten manchmal und schwelgen etwas in unseren Ferienerlebnissen.

> ➢ *Welche Ferienrituale finde ich besonders schön, stimmig und hilfreich – sei es beim Abschied, in den Ferien selbst oder bei der Rückkehr?*
> ➢ *Welche Ferienrituale möchte ich verändern oder aufgeben?*
> ➢ *Welche Ferienrituale möchte ich bewusst neu einführen?*
> ➢ *Welche typischen Reise- und Ferienrituale möchte und könnte ich auch in den Alltag integrieren?*

Karneval und Fastenzeit

Der ursprüngliche Sinn der Fastnacht stand ganz im Kontext der folgenden Fastenzeit. Der ausgelassene Karneval (»carne vale« = Fleisch ade!) hatte die Funktion eines Kompensationsrituals zur anschließenden Fastenzeit, in welcher die Katholiken als Vorbereitung auf Ostern 40 Tage lang auf gewisse Nahrungsmittel verzichteten. Aber schon in vorchristlicher Zeit existierten Ausgleichs-, Kompensations- und Umkehr-Rituale. In einer 5000 Jahre alten babylonischen Inschrift ist zu lesen: »*Kein Getreide wird in den sieben Tagen nach Neujahr gemahlen. Die Sklavin ist der Herrin gleichgestellt und der Sklave an seines Herrn Seite.*« Seither wird in vielen Kulturen einmal jährlich das soziale Gleichheitsprinzip bei ausgelassenen Festen mit Verkleidung praktiziert. Bei den Römern gab es öffentliche Gelage, wo Sklaven und Herren zeitweise die Rollen tauschten, miteinander aßen und tranken sowie ungeniert reden konnten. Auch heute bietet der Karneval die Möglichkeit, für eine bestimmte Zeit in eine andere Rolle zu schlüpfen und mit einer Maske herumzulaufen. Vielleicht würde es der Psychohygiene mancher Menschen guttun, wenn sie jedes Jahr ein paar Tage mit einer bestimmten Verkleidung durch den Ort ziehen würden.

Der tiefere Sinn des Verzichts auf gewisse Speisen besteht darin, dass sich Menschen darauf besinnen, was sie innerlich letztlich nährt und was ihnen Kraft und Leben schenkt. Die Umstellung von

Nahrungsverdauung auf Fettverbrennung lässt einen auch spüren, wie unbewusst unser Essverhalten oft verläuft. Während es früher drei klassische gemeinsame Mahlzeiten gab, essen und trinken wir heute pausenlos und rund um die Uhr, auch unterwegs im Zug, Bus und Auto.

Alle Religionen kennen Fastenzeiten und Fastenrituale. Muslime fasten jeweils im 9. Monat des Mondjahres, dem Ramadan. Von Sonnenaufgang bis Sonnenuntergang verzichten sie auf feste Nahrung sowie Getränke, Nikotin, Parfums und Geschlechtsverkehr. Juden fasten am Versöhnungstag Yom Kippur sowie in den ersten zehn Tagen des neuen Jahres, um für begangene Schuld zu büßen. Im Hinduismus dient das Fasten der eigenen Reinigung, etwa nach der Berührung mit Menschen niedriger Kasten oder mit unreiner Nahrung.

Leider wurde das Fasten als religiöses Ritual seit dem 17. Jahrhundert durch immer strengere Verbote pervertiert und verlor seinen tieferen Sinn. In der Fastenzeit war nur noch eine Mahlzeit pro Tag erlaubt. Fleisch, Milch, Käse und Eier waren untersagt. Sogar das Kauen an Fingernägeln und das unabsichtliche Verschlucken von Mücken waren verboten. Gleichzeitig wurden die Regeln immer fantasievoller umgangen. Die bayerischen Mönche, die in der Fastenzeit nur eine Flasche Bier pro Tag trinken durften, brauten ein spezielles Fastenbier mit doppeltem Alkoholgehalt. Und das gute Fleisch wurde durch noch besseren Fisch ersetzt. Vor rund 30 Jahren wurde der tiefere Sinn des Fastens in der Medizin neu entdeckt. Otto Buchinger und andere Fastenärzte begleiten seither viele Menschen, die um eines geistig-geistlichen Zieles willen freiwillig und zeitlich begrenzt auf Nahrung verzichten.

Die Fastenzeit beginnt in der katholischen Kirche mit meinem Lieblingsritual. Der Priester zeichnet den Mitfeiernden mit Asche ein Kreuz auf die Stirn und spricht dazu die Worte: »Gedenke, Mensch, dass du Staub bist und wieder zum Staub zurückkehren wirst.« Diese alljährliche Erinnerung an die eigene Endlichkeit und die Frage, was von uns einst übrigbleiben wird und bleiben soll, sollte auch in nicht-kirchlichen Kreisen einen festen Platz im Jahreskalender haben. Speziell für

Wirtschaftskapitäne und Politiker, die sich gerne wichtig nehmen und für unersetzlich halten, wäre das Ritual eine heilsame Erfahrung.

- ➢ *Welche Karneval-Rituale finde ich schön und stimmig?*
- ➢ *Mit welchen Karneval-Ritualen habe ich Mühe?*
- ➢ *In welcher Rolle würde ich gerne mal unerkannt durch die Straßen ziehen?*
- ➢ *Welches sind meine Erfahrungen mit zeitlich begrenztem Verzicht auf bestimmte Nahrungsmittel oder auf Nahrung generell?*
- ➢ *Welche Formen des bewussten Konsumverzichts erscheinen mir sinnvoll und wünschenswert?*

Nicht vergessen: Hochzeitstag

Paare gestalten in der Regel jedes Jahr oder zumindest alle fünf bis zehn Jahre ihren Hochzeitstag oder ihren speziellen Beziehungstag mit rituellen Elementen, die über ein feines Essen hinausgehen. Ein väterlicher Freund bedauert, dass er und seine Frau kaum Paarrituale kennen: »*Eine vertiefte Besinnung über das vergangene Jahr und vor allem das Erneuern des Eheversprechens hätten uns in früheren Jahren sehr wohl getan*« (♂, 80 Jahre). Wenn man den Hochzeitstag bewusst gestaltet, kann man die damalige Entscheidung füreinander erneuern und vertiefen. Bei Hochzeitsjubiläen kann das ursprüngliche Eheversprechen jeweils der aktuellen Lebenssituation angepasst werden. Mit 75 Jahren sind einem Paar andere Dinge wichtig als mit 30, 40 oder 50 Jahren. Ehe- oder Partnerschaftserneuerungen müssen auch nicht zwingend an den Hochzeits- oder Kennenlerntag gebunden sein, sondern können beispielsweise zu Beginn der Ferien stattfinden. Auf diese Weise werden Ferien immer wieder zu Flitterwochen.

Ich gestalte mit Paaren gerne deren silberne oder goldene Hochzeit. In einem Ritual können sie Vergangenes würdigen sowie um Kraft und Segen bitten für das Kommende. Die mitfeiernden Paare sind jeweils tief berührt, wenn sie miterleben dürfen, wie sich zwei Menschen nach 25 oder 50 Jahren danken und verzeihen können, wie sie sich neu aufeinander einlassen und wie sie sich den künftigen Aufgaben und Herausforderungen, Träumen und Visionen stellen. Eindrücklich ist auch, wenn Kinder und Enkel erzählen, wie sie ihre Eltern und Großeltern erlebt haben, wofür sie ihnen besonders dankbar sind oder was sie ihnen für die Zukunft wünschen.

- ➤ Welche Rituale am Hochzeitstag oder Beziehungstag finde ich schön, stimmig und hilfreich?
- ➤ Welche Rituale am Beziehungs- oder Hochzeitstag möchte ich ändern?
- ➤ Welche Rituale am Beziehungs- oder Hochzeitstag vermisse ich und möchte sie gerne einführen?

Mamma mia – der Muttertag

»Am Muttertag rufe ich jeweils meine Mutter an und danke ihr für das geschenkte Leben und alles, was sie für mich getan hat« (♀, 50 Jahre). »Am Muttertag erhalte ich von meinem Mann Blumen und werde von ihm zum Essen eingeladen« (♀, 51 Jahre).

Zum Muttertag hegen viele Frauen und Mütter ein zwiespältiges Verhältnis. Dieser Festtag führt in Familien mit einer traditionellen Rollenverteilung jeweils zu gutgemeinten, aber gleichzeitig fragwürdigen Kompensationsritualen. Die Anerkennung, die der Mann und Vater am Arbeitsplatz von Vorgesetzten und Kolleginnen bekommt, erhält die Mutter am Muttertag quasi auf Kommando vom Ehemann und den Kindern. Aus Sicht der Gleichstellung der Geschlechter wäre es zweifellos sinnvoller, einen Elterntag zu feiern, an welchem die gemeinsame Verantwortung für die Kinder und den Haushalt gefeiert und die Verteilung von Familien- und Hausarbeit neu ausgehandelt wird. Zudem kann das Zelebrieren des Muttertags ein Affront sein für Frauen, die sich Kinder sehnlichst wünschen und keine bekommen können.

- ➤ Welche Muttertags-Rituale finde ich stimmig?
- ➤ Welche Muttertags-Rituale finde ich unpassend und störend?

➢ *Welche Muttertags-Rituale vermisse ich und möchte sie ausprobieren?*

Leben im Lichtermeer: Advent

»*Ich backe mit den Kindern Kekse, wir zünden abends jeweils die Kerzen am Adventskranz an und ich dekoriere die ganze Wohnung*« (♀, 51 Jahre). »*Ein bis zwei Mal gehen mein Mann und ich im Advent in eine frühmorgendliche Rorate-Feier in einer Kirche. Der Kerzenschein und die Rituale wecken bei mir schöne Kindheitserinnerungen. Hinterher genießen wir das Frühstück in einem gemütlichen Café*« (♀, 46 Jahre). »*Ich gestalte den Adventskranz selbst. Im Advent zünde ich auch öfters Kerzen in einer Kirche an*« (♀, 41 Jahre).

Weil die vier Wochen vor Weihnachten mit dem Ausklingen des kalendarischen Jahres zusammenfallen, eignet sich der Advent gut zur persönlichen, familiären und institutionellen Standortbestimmung. Ein Ritual, das sich in den letzten Jahren stark verbreitet hat, sind die familiären Newsletters, die am Jahresende verfasst und an Verwandte und Freunde verschickt werden. Diese Idee gefällt mir. Gleichzeitig bedaure ich, dass in der Regel viel über Ferien und berufliche Erfolge geschrieben wird und kaum je von Suchtverhalten und verpatzten Prüfungen der Kinder, von Erbstreitigkeiten mit Verwandten oder von der Mühe mit dem baldigen Ruhestand oder der Gebrechlichkeit der Eltern.

Als Kind liebte ich die Adventskalender. Meine Mutter steckte für jeden der 24 Tage eine kleine Überraschung in ein Säckchen oder in eine Zündholzschachtel. Die Spannung und Vorfreude auf Weihnachten wurden durch dieses Ritual grenzenlos potenziert.

Das lateinische Wort »Advent« bedeutet Ankunft und Erwartung. Der Advent bietet eine ideale Chance, das Entzünden der Kerzen oder das Öffnen von Kalendertürchen mit Gesprächen über unsere Erwartungen und Wünsche, Träume und Sehnsüchte zu verbinden, sei es in Bezug auf Weihnachten, auf das neue Jahr oder auf unser Leben überhaupt.

> *Welche Rituale im Advent finde ich besonders schön, stimmig und hilfreich?*
> *Welche Adventsrituale möchte ich verändern oder aufgeben?*
> *Welche Adventsrituale möchte ich bewusst neu einführen?*

Weihnachtslust – Weihnachtsfrust

Weihnachten wird seit dem 5. Jahrhundert unserer Zeitrechnung gefeiert. Die Tatsache, dass die christlichen Kirchen 400 Jahre lang ohne Weihnachtsfeiern auskamen, erlaubt durchaus die Frage, ob und wie man heute die Geburt Jesu sinnvoll und stimmig gestalten kann und soll. Gerade weil unser bürgerliches Weihnachtsfest mit starken Emotionen, Erwartungen und Erinnerungen verbunden ist und weil sich kulturelle und soziale, religiöse und familiäre Veränderungen speziell an diesem Fest offenbaren, ist das Verhältnis zu diesem Fest bei vielen Menschen unabhängig von ihrem Glauben zwiespältig: *»Die sentimentale Verkitschung und totale Kommerzialisierung von Weihnachten in den Kaufhäusern stößt mich ab«* (♀, 49 Jahre). *»Weihnachten ist für mich ein schönes Familienfest, wo wir zusammen essen, uns beschenken und miteinander diskutieren«* (♂, 57 Jahre). *»Weihnachten feiern wir mit den Kindern, Schwiegertöchtern und Schwiegersöhnen ohne spirituellen oder kirchlichen Gehalt. Früher widmete ich mich als Hotelier gerne den alleinstehenden Gästen am Tisch«* (♂, 80 Jahre). *»An Heiligabend lesen wir das Lukas-Evangelium, singen Weihnachtslieder und erzählen uns Weihnachtsgeschichten. Dann gestalten wir die Bescherung und kochen ein feines Fischgericht. Weihnachten ist definitiv das schönste Ritual im Jahr«* (♀, 48 Jahre). *»In den Wochen vor Weihnachten schreibe ich immer ein Weihnachtsgedicht. So kann und muss ich mich immer wieder neu fragen, was mir dieses Fest der Feste bedeutet«* (♂, 57 Jahre). *»Ich habe keine Lust, jedes Jahr einen Christbaum aufzustellen. Ich tue es einzig für meine Kinder und weil ich ja eine gute Mutter sein will«* (♀, 49 Jahre). *»An Weihnachten erscheint es mir relevant, ob Kinder da sind oder nicht. Ich empfinde es wichtig, dass wir den Kindern Rituale mitgeben, denn* *sie erinnern uns an unsere religiöse und kulturelle Herkunft«* (♀, 44 Jahre).

Weihnachten habe ich in unterschiedlichsten Formen, an zahlreichen Orten, in diversen Gruppen sowie mit starkem und auch ohne jeglichen Bezug zur Jesusgeburt erlebt und gefeiert. Als junger Jesuitenpater fand ich es sehr Jesus-like, Heiligabend mit den Obdachlosen in München und Paris unter Brücken und in Metrostationen zu feiern. Heute halte ich das eher für Kompensationsrituale und finde es wichtiger dafür zu sorgen, dass diese Menschen an den übrigen 364 Tagen des Jahres zu ihren Rechten und zur staatlich garantierten Unterstützung gelangen. Da meine Partnerin an einem 24. Dezember geboren wurde, lege ich den Akzent an diesem Tag mehr auf ihren Geburtstag als auf die Geburt Jesu. Aber ich setze mich jedes Jahr ernsthaft mit der Frage auseinander, was die Gottesgeburt auf Erden für die Welt, für die Menschheit und für mich persönlich bedeutet. Jedes Jahr entdecke ich neue Aspekte und Facetten. Und dass dieses Geschehen für mich immer noch etwas Geheimnisvolles, Unbegreifliches und Unaussprechliches behalten hat, freut mich an Weihnachten am meisten.

- ➢ *Welche Weihnachtsrituale finde ich besonders schön, stimmig und hilfreich?*
- ➢ *Welche Weihnachtsrituale möchte ich verändern oder aufgeben?*
- ➢ *Welche Weihnachtsrituale möchte ich bewusst neu einführen?*

Nikolaus, Blasius & Co.

»Ich liebte als Kind das Fest der Drei Könige am 6. Januar. In der Familie zog beim Frühstück jeder ein Brötchen aus dem Brotkranz. Wer den kleinen König aus Plastik in seinem Brötchen entdeckte, war für den Rest des Tages die Königin oder der König und durfte allen anderen Familienmitgliedern Befehle erteilen« (♀, 50 Jahre).

Je nach Land, Region oder Familie werden im Jahreszyklus noch weitere Tage mit speziellen Ritualen gefeiert. Am 3. Februar wird in katholischen Kirchen beispielsweise der Blasiussegen erteilt, der uns gegen Halskrankheiten und vor steckengebliebenen Fischgräten im Hals schützen soll. Und am 6. Dezember kommt in vielen Familien der Nikolaus zu Besuch und liest den Kindern die Leviten. Nachdem ich als Vierjähriger den Nikolaus, der unsere Familie besuchte, erkannte und ihn fragte, ob er nicht Reini Vorburger sei, räumte er mit hochrotem Kopf seine Siebensachen zusammen und Nikolausbesuche fanden in unserer Familie ein jähes Ende.

> *An welchen Tagen des Jahres feiere ich spezielle Rituale, die ich als schön, stimmig und hilfreich erlebe?*
> *Welche speziellen Jahresrituale möchte ich verändern oder aufgeben?*
> *Welche jährlich wiederkehrenden Adventsrituale möchte ich bewusst neu einführen?*

Wenn Sie möchten, können Sie nun auf die Seite 78 zurückkehren und das Diagramm mit dem Ist- und Wunsch-Zustand bezüglich Jahresrituale ergänzen.

> *Welche zyklischen Rituale, die ich wöchentlich, monatlich oder jährlich praktiziere, habe ich anfänglich bei der Aufzählung vergessen?*
> *Welche wöchentlichen, monatlichen oder jährlichen Rituale sind beim Lesen dieses Buchteils als Wunsch-Rituale hinzugekommen?*

Von Geburt bis Tod: Schwellenrituale

Neben Alltagsritualen und zyklisch wiederkehrenden rituellen Feiern erleben wir entlang unserer Biografie zahlreiche existenziell einschneidende und teils dramatische Veränderungsprozesse. Rituale an bedeutsamen Lebenswenden werden »rites de passage« oder »Schwellenrituale« genannt. Diese Übergänge können sich einmal oder mehrmals in unserem Leben ereignen. Manche Schwellen treten unerwartet, schicksalshaft in unser Leben, andere können wir voraussehen und planen. Krankheiten und Tod sind zwar absehbare Tatsachen, aber der präzise Zeitpunkt ist nicht vorhersehbar. Manche Lebensübergänge sind mit bekannten und traditionellen Gestaltungsformen verbunden wie etwa die Taufe, die Hochzeit oder die Beerdigung. Für andere Übergänge wie etwa den Auszug aus dem Elternhaus, eine Kündigung, eine Trennung oder die Entlassung in den Ruhestand existieren kaum rituelle Gestaltungsformen oder sie sind uns zumindest nicht bekannt.

Dass wir für manche Lebensübergänge keine eingespielten Gestaltungsformen kennen, hängt damit zusammen, dass es die inszenierten Veränderungsprozesse früher kaum gab. Ein Ritual für den Wohnortwechsel brauchte es früher nicht, weil die meisten Leute von der Wiege bis zur Bahre im gleichen Haus oder zumindest im gleichen Dorf lebten. Heute ziehen wir im Laufe unserer Biografie fünf bis zehn Mal um. Wohnortwechsel sind nicht nur eine administrative und logistische Angelegenheit, sondern bedeuten oftmals Abbruch und Aufbau von Beziehungen zu Menschen und Orten: *»Um mir den Übergang jeweils zu erleichtern, bringe ich schon am Vortag etwas, an dem ich besonders hänge, in die neue, noch leere Wohnung. Und am Tag nach dem Umzug lade ich Freunde in der alten Wohnung zum Essen ein und gehe zur Nachspeise mit ihnen in die neue Wohnung«* (♀, 52 Jahre).

Im Verlauf unserer Biografie ändern wir heute – freiwillig oder unfreiwillig – auch mehrmals unsere Arbeitsstelle, manchmal sogar die Branche. Stellenwechsel lösen tiefe Gefühle aus, die in Ritualen thematisiert und aufgefangen werden können. Manchmal können sich Stellenlose für keine neue Stelle entscheiden, weil sie der vergangenen Arbeitsstelle nachtrauern oder tief verletzt sind durch die Kündigung. Je nach Kontext und Emotionen ist es bei einem Stellenwechsel-Ritual stimmig, den früheren Arbeitsvertrag zu verbrennen oder ihn einzurahmen.

Bei Ritualen an Lebenswenden und bedeutsamen Lebensübergängen lohnt es, sich das Kapitel über die drei Ritual-Phasen in Erinnerung zu rufen. Es braucht Geduld, wenn man in Übergangsphasen keine Ahnung hat, wohin die Reise gehen soll und wie der neue Zustand aussehen wird. Wer sich in diesem Übergang eine Brachzeit gönnt, schenkt sich die Chance, dass etwas wirklich Neues wachsen kann und man an der künftigen Arbeitsstelle nicht einfach das Bekannte und Gewohnte weiterpflegt.

Schauen wir auf unser bisheriges Leben zurück, waren vermutlich mehrere Lebensübergänge rund ums Erwachsenwerden, die Loslösung vom Elternhaus oder Trennungen von Liebesbeziehungen nicht mit einem Ritual verbunden. Vielleicht bedauern oder bereuen wir das heute. Umso wichtiger ist es, nach vorne zu blicken und uns zu fragen, ob und wie wir anstehende Übergänge und Lebenswenden rituell gestalten wollen: *»Ich denke bei künftigen Schwellenritualen an Wechsel im Beruf, an Wohnortwechsel, Reisen, Hochzeit, Schwangerschaften, das Sterben von Mitmenschen und ans Älterwerden«* (♀, 44 Jahre). *»Bei mir steht demnächst die Scheidung an, der 60. Geburtstag und später die Beendigung meiner Erwerbstätigkeit«* (♂, 57 Jahre). *»Meine Tochter wird bald Frau und mein Sohn ein Mann«* (♀, 50 Jahre). *»Im Moment kann ich nur meine Entlassung in den Ruhestand abschätzen«* (♀, 65 Jahre). *»Runde Geburtstage stehen an: 50, dann 60… vielleicht auch mal ein besonderes Berührtwerden in der Meditation. Und eines Tages mein eigenes Sterben«* (♀, 57 Jahre). *»Der Abschied von meinen Eltern steht wohl bald einmal an. Die Schwierigkeit beim Finden von Ritualen sehe ich in der zu erwartenden Uneinigkeit der*

Angehörigen« (♀, 47 Jahre). »*Bald werde ich erstmals Großvater. Über diese Rolle und über die eigenen und fremden Erwartungen mache ich mir oft Gedanken*« (♂, 64 Jahre).

Im folgenden Diagramm können Sie Ihre zurückliegenden wie auch die anstehenden Lebensübergänge notieren und prüfen, ob diese mit Schwellenritualen verbunden waren oder künftig mit solchen verbunden sein sollen.

Erlebte Lebensübergänge und Veränderungsprozesse	In welcher Art wurde der Übergang rituell markiert und gestaltet?
Bevorstehende Lebenswende und Veränderungsprozesse	In welcher Art will ich den Übergang rituell gestalten?

> ➤ *Ich betrachte das ausgefüllte Diagramm. Wie habe ich meine bisherigen existenziellen Veränderungen erlebt: Eintritt in die Schule, Pubertät, Erwachsenwerden, Auszug aus dem Elternhaus, Einstieg in die Arbeitswelt, Partnerschaften, Hochzeit, Elternwerden, Schicksalsschläge, Todesfälle von Nahestehenden?*
> ➤ *Welche bisherigen Schwellenrituale fand ich stimmig und hilfreich?*
> ➤ *Welche bisherigen Schwellenrituale fand ich nicht stimmig oder gar störend und abschreckend? Was würde ich anders gestalten?*
> ➤ *Bei welchem einschneidenden Bruch oder Übergang in meinem Leben, der mit keinem Ritual verbunden war, hätte ich mir ein Ritual gewünscht? Möchte ich allenfalls ein Ritual nachholen?*
> ➤ *Wie möchte ich anstehende Lebensübergänge rituell gestalten?*

> Welche anstehenden Lebensübergänge möchte ich bewusst nicht rituell gestalten – und warum?
> Bei welchen einschneidenden Lebensübergängen fehlen meiner Meinung nach Schwellenrituale – im Privatbereich, in der Arbeitswelt oder im öffentlichen Leben?

Schwangerschaft, Geburt und Taufe

Mit der Schwangerschaft und Geburt des ersten Kindes geschieht in Partnerschaften ein tiefgreifender und meist unterschätzter Veränderungsprozess. Das Paar mutiert vom Duo zum Trio, von der Zweisamkeit der reinen Paarbeziehung zum Projektteam und zur Familie. Mit dem ersten Kind kommt nicht einfach ein weiteres Mitglied in eine Gruppe, sondern die Liebesbeziehung, die Rollen und Aufgaben der beiden Partner verändern sich radikal. Theoretisch ist dieser Übergang den beiden Jungeltern schon lange vor der Geburt des Kindes klar, doch in der Praxis werden sie meistens komplett überrascht und können sich auf diese Rolle nicht wirklich vorbereiten. Weil Schwangerschaft und Geburt mit tiefen existenziellen Veränderungsprozessen verbunden sind, vermissen viele Jungeltern Rituale, die diese bedeutsame Schwelle erleichtern könnten: »*Nach der Geburt der Kinder habe ich jeweils Besuche und Geschenke erhalten, aber während der Geburt gab es kein Ritual. Das hätte mir bestimmt Sicherheit geben können*« (♀, 50 Jahre). »*Es bräuchte Rituale, wo ältere Frauen den jüngeren von ihren Erfahrungen berichten und Hilfestellungen anbieten. Eine Art geistige Hebammen, die in Frankreich ›sages-femmes‹ (weise Frauen) heißen. Nach der Geburt des ersten Kindes hat mein Mann bei Vollmond ein Räucherritual gestaltet. Wir haben die frühere Phase als Nur-Paar verabschiedet und uns für die neue Rolle als Eltern geöffnet*« (♀, 41 Jahre).

Taufen oder segnen?

Bis im 4. Jahrhundert existierte ausschließlich die Erwachsenentaufe. Die Taufe war ein Ritual der bewussten inneren Umkehr zu Gott. Mit der Zeit wuchs in der christlichen Kirche jedoch das Bedürfnis, die Menschen von Geburt an zu Mitgliedern zu machen und sie schrittweise religiös zu sozialisieren. Um die Babytaufe zusätzlich ideologisch zu untermauern, lehrte die katholische Kirche bis im Jahr 1870, dass es außerhalb der Kirche kein Heil gäbe und dass Ungetaufte höchstens bis in den Vorhimmel, den sogenannten Limbus, gelangten. Darum durften gesundheitlich gefährdete Kinder sogar im Mutterleib – mit einem Weihwasserklistier – getauft werden. Heute wünschen immer mehr junge Eltern nicht mehr die Säuglingstaufe als Initiationsritus in die Kirche, sondern eine Segensfeier im familiären Rahmen. Das Kind soll später einmal selbst über die religiöse Zugehörigkeit entscheiden.

In Segensfeiern kann man verschiedene existenzielle Veränderungsprozesse ansprechen und gestalten: die veränderte Rolle der Eltern, die neuen Rollen der älteren Geschwister, der Großeltern und der Paten sowie den Empfang des bewusst gewählten Namens. Traditionelle Symbole und Gesten wie das Segnen mit Wasser, das Streichen von Salz auf die Lippen, die Salbung mit Öl, das Anziehen des weißen Kleides oder das Anzünden einer Kerze kann man, muss man aber nicht zwingend in die rituelle Feier integrieren. Manche Eltern mögen heute das Ritual, für das Kind einen Baum zu pflanzen und die Plazenta an der Wurzel beizusetzen. Je nach Gemeinde lässt sich auch eine sakramentale Taufe, die die Initiation in eine christliche Kirche bedeutet, mit persönlichen Elementen gestalten, selbst wenn mehrere Kinder gleichzeitig getauft werden. Ein Gespräch mit den Seelsorgenden vor Ort kann Fragen, Unsicherheiten und Wünsche klären.

> ➢ *Welche Rituale rund um die Geburt erlebe ich als schön, stimmig und hilfreich?*
> ➢ *Welche Rituale rund um die Geburt finde ich störend?*
> ➢ *Welche Rituale vermisse ich rund um die Geburt eines Kindes – in Familie, Verwandtschaft, Kirche und Gesellschaft?*

Die Kunst, erwachsen zu werden

Das Erwachsenwerden und die Loslösung von den Eltern erfolgen in mehreren Etappen. Die Loslösung von der Mutter nimmt ihren Anfang bereits bei der Geburt. Andere markante Momente der Loslösung sind der erste Schultag, die Taufe bei den Pfadfindern, die Erstkommunion und die Firmung oder die Konfirmation sowie die Jungbürgerfeier, die Autoprüfung, der Schulabschluss, der Militärdienst und der Umzug in die erste WG. Zur Identitätsfindung sind auch die pubertären Abgrenzungsrituale wichtig, selbst wenn sie Eltern zur Verzweiflung treiben können. Dass sich Jugendliche oft durch radikale Zeichen und Gesten abgrenzen, liegt leider oft an den Eltern selbst, die sich wie Jugendliche kleiden, tätowieren, auf Snow- und Kickboards fahren und sprachliche Ausdrücke der Jugendlichen übernehmen.

In manchen Kulturen ist es der Gesellschaft sehr klar, wann ein Kind erwachsen wird: beim Mitgehen auf die Jagd, bei der Geschlechtsreife oder mit dem ersten Monatslohn. In unserer individuell geprägten Zivilisation gibt es nicht »den« großen und eindeutigen Übergang vom Kind zum Jugendlichen und vom Jugendlichen zum Erwachsenen. Gleichaltrige befinden sich oft in sehr unterschiedlichen Lebenssituationen und Entwicklungsstadien. Manche 16-Jährige gehen bereits in die Welt hinaus und übernehmen Verantwortung, während manche 30-Jährige noch im »Hotel Mama« leben und an der Uni Credit-Points hinterherjagen.

Manche fühlen sich mit dem Ende der Ausbildung erwachsen: »*Der Schulabschluss bedeutete für mich den Übergang in ein selbstbestimmtes Leben. Von nun an konnte ich entscheiden, womit ich mich beschäftigen und was ich lernen möchte. Das Ende der Schulzeit bedeutete für mich das Ende einer Tyrannei*« (♀, 48 Jahre). Obwohl das Ende der Ausbildungszeit als ein zentraler Wendepunkt des Lebens empfunden wird, wird er selten bewusst mit einem Ritual verbunden. Und da, wo Rituale gefeiert werden, inszenieren diese in der Regel einzig die Ablösungs-Phase mit dem ausgehändigten Diplom und verdrängen die Phase der Orientierungslosigkeit und des Rollenverlusts, die nach Ausbildungen in der Regel folgt.

Der Einstieg in die Arbeitswelt bildet eine wichtige Etappe der Ablösung von den Eltern und des Übergangs ins Erwachsensein. Manche junge Erwachsene laden mit dem ersten Lohn ihre Eltern zum Essen ein und zeigen ihnen damit, dass sie nun auf eigenen Füßen stehen. Der Auszug aus dem Elternhaus wird nur von wenigen Eltern mit einem »Leeres-Nest«-Ritual gestaltet, entweder weil die Eltern keine Rituale kennen, sich das selbständige Gestalten eines Rituals nicht zutrauen oder Mühe haben mit der Unabhängigkeit ihrer Kinder und den nötigen Übergang bewusst nicht thematisieren und inszenieren. Die Folgen einer nicht klar vollzogenen Ablösung können manchmal fatal sein: *»Weil sich mein Ex-Mann nie wirklich von seinen Eltern abnabelte, war er eigentlich in erster Linie immer nur Sohn. Weder Examen noch die neue Arbeitsstelle, der Bezug unserer eigenen Wohnung oder sein Doktortitel haben ihn zu einem selbstständigen Mann gemacht. Die Abhängigkeit von seinen Eltern war so groß, dass es nicht möglich war, mit ihm etwas Eigenes aufzubauen«* (♀, 51 Jahre). Manche Eltern setzen beim Auszug ihrer Kinder bewusst ein deutliches Zeichen, indem sie beispielsweise deren Zimmer umfunktionieren, für eigene Hobbys nutzen oder an Studierende vermieten.

> ➤ *Welche Rituale des Erwachsenwerdens und der Ablösung von den Eltern finde ich schön, stimmig und hilfreich?*
> ➤ *Welche Rituale des Erwachsenwerdens und der Ablösung finde ich störend, nicht stimmig oder wenig hilfreich?*
> ➤ *Welche Rituale des Erwachsenwerdens und der Ablösung von den Eltern vermisse ich?*

Willst du mich heiraten?

Angesichts der zunehmenden Gleichberechtigung der Geschlechter mutet es eigentlich seltsam an, dass manche Frauen noch immer auf das Ritual warten, bei dem der Mann sie formell auf den Knien und mit einem Brillantring in der Hand bittet, den Rest des Lebens an seiner Seite zu verbringen. Der Zeitpunkt der Hochzeit richtet sich heute in der Regel nach der beruflichen Karriere der beiden Partner und nach der entsprechenden Familienplanung. Wer das Ritual des Heiratsantrags und der Verlobung nicht als verstaubte Tradition ablehnt, sondern als eine Etappe zwischen Verliebtheit, Verhältnis, Beziehung, Partnerschaft und Ehe betrachtet, sollte sich den Ort und die Art und Weise des Heiratsantrags gut überlegen. Die künftige Gattin zu einem Helikopterflug einzuladen und dann auf einem Herz aus roten Rosen in einem Schneefeld zu landen, kann von der Liebsten als kitschig und protzig empfunden werden. Eine Plakatwand zu mieten am Arbeitsweg der Partnerin und die Frage in großen Lettern zu formulieren, ist eindeutig origineller. Ein Inserat in der Zeitung oder in der Lieblingszeitschrift der Herzensdame kann beeindrucken, aber auch ärgern.

Letzthin fuhr ich im Zug von Zürich nach Bern, als aus dem Lautsprecher eine Brigitte Maurer gebeten wurde, zur Lokomotive zu kommen. Dort wartete ihr Partner auf sie und fragte sie am Mikrofon des Zugführers, ob sie seine Frau werden wolle. Sie sagte Ja, worauf die Reisenden im ganzen Zug applaudierten. Manche Frauen, die ich kenne, würden einen solchen Akt als klar übergriffig empfinden. Aber offenbar hatte dieser Mann die Reaktion seiner Partnerin richtig eingeschätzt. Mit der Partnerin ein romantisches Picknick zu veranstalten, um dort vor ihr niederzuknien, wirkt plump, wenn man sonst nie etwas in diesem Stil unternimmt. Ein großartiges Essen in ihrem Lieblingsrestaurant ist etwas fantasielos.

Vor einigen Jahren gestaltete ich die Hochzeit von Alina und Linard. Als Linard den Heiratsantrag während der Badeferien in der Karibik machen wollte, trug er den wertvollen Verlobungsring tagelang heimlich im kleinen Rucksack mit sich und wartete auf den richtigen Moment für die entscheidende Frage. Er wagte kaum, ins Wasser zu gehen und beobachtete ständig den Rucksack am Strand. Alina regte sich fürchterlich über seine spießigen Ängste um den Rucksack auf, in dem nach ihrer Meinung lediglich der Plastik-Hotelschlüssel, die Sonnencrème und Badetücher steckten. Und weil sich Alina so ärgerte, verging Linard die Lust, ihr unter diesen Umständen einen Heiratsantrag zu machen. Und so reiste er mit dem Ring in der Tasche wieder nach Hause und stellte die Frage ein halbes Jahr später bei einem Weekend-Aufenthalt in Paris.

Im Zusammenhang mit dem Heiratsantrag und der Verlobung stellt sich auch die Frage nach einem weiteren traditionellen Ritual. Soll man heute noch beim Vater der Braut um die Hand seiner Tochter anhalten? Oder ist dieses Ritual letztlich ein Affront gegenüber der Tochter, weil man sie dadurch zum fremdbestimmten Handelsgut degradiert? Früher suchten in der Regel die Eltern ihre künftigen Schwiegersöhne und Schwiegertöchter aus. In vielen Kulturen sind arrangierte Hochzeiten auch heute noch die Regel. Diese Zeiten wünscht sich selbstverständlich niemand zurück. Dass Eltern aber die Hochzeitspläne ihrer Kinder von Dritten erfahren, zeugt nicht von einem Übermaß an Stil und Klugheit. Denn spätestens, wenn dereinst Kleinkinder zu betreuen sind, ist ein positives Verhältnis zu den Schwiegereltern Gold wert. Für die Mitteilung der Hochzeit an die Eltern und Schwiegereltern kann sich das Paar ein Ritual ausdenken, das die Loslösung von der Herkunftsfamilie und die Aufnahme durch das neue Familiensystem mit stimmigen Gesten und Symbolen ausdrückt.

Ein paar Wochen vor der Hochzeit erfolgt in der Regel ein Polterabend. In Deutschland feiert das Brautpaar diesen Anlass in der Regel mit Familien und Freunden und zerdeppert dabei der Tradition entsprechend Geschirr. Der Name »Polterabend« geht nämlich zurück auf den Brauch, dass Gäste zu diesem Anlass Porzellangeschirr mitbringen und vor dem Betreten des Hauses zerschlagen. Damit werden einerseits die bösen Geister vertrieben und das Glück des Paares gesichert. Andererseits muss sich das Paar als gutes Team in der Not erweisen, indem es hinterher gemeinsam die Scherben aufhebt. In der Schweiz kennt man diese Tradition nicht, sondern versteht unter »Polterabend« das, was in Deutschland als »Jungesellenabschied« bzw. »Jungesellinnen-Begräbnis« bekannt ist. Dieses Ritual erfolgt in der Regel an einem Freitag- oder Samstagabend, die künftige Braut trägt einen weißen Schleier, spricht Herren an, reinigt ihnen die Schuhe oder knipst mit ihnen Selfies. Bei Frauen wie bei Männern besteht das Abschiedsritual primär aus einem freizügigen Kontakt zum anderen Geschlecht und aus einem erhöhten Alkoholpegel. Man könnte daraus den logischen Schluss ziehen, dass die Ehe von manchen als ein abstinentes Gefängnis betrachtet wird. Das Feiern eines Junggesellen-Abschieds ist an sich sehr sinnvoll und wichtig. Denn der Übergang von der Singlezeit zum Eheleben ist gravierender als man meint. Braut und Bräutigam werden als verheiratetes Paar sowohl vom privaten als auch vom beruflichen und gesellschaftlichen Umfeld anders wahrgenommen: »*Unsere Hochzeit markiert für mich einen der wichtigsten Schritte im Leben. Nicht nur für uns selbst, sondern auch bei den Gästen veränderte sich durch die Hochzeit die Wahrnehmung von uns als Paar*« (♀, 54 Jahre). »*Obwohl mein Mann und ich schon einige Jahre zusammengelebt haben und durch dick und dünn gegangen sind, war die Hochzeit ein sehr wichtiges Ritual. Die endgültige Entscheidung füreinander aus tiefster Überzeugung und Zuneigung im Kreis unserer Liebsten und vor Gott hat unserer Beziehung eine Qualität gegeben, die sich nur schwer beschreiben lässt*« (♀, 48 Jahre).

An einem Polterabend könnte man mit bereits verheirateten Freundinnen und Freunden die Veränderungen thematisieren, die sich mit der Hochzeit ergeben. Braut und Bräutigam könnten getrennt voneinander oder gemeinsam einige Monate vor der Hochzeit ihre engsten Freunde zu einem Ausflug oder Abendessen einladen, wo sie über ihre Hoffnungen und Ängste sprechen und über das, was sich mit der Hochzeit ändern wird. Die Gäste könnten von ihren Erfahrungen berichten und dem Paar Wünsche mit auf den Weg geben.

- *Wie habe ich den Heiratsantrag erlebt? Oder wie möchte ich diesen eines Tages erleben?*
- *Wie habe ich meine Eltern über die geplante Hochzeit informiert? Oder wie möchte ich dies eines Tages tun?*
- *Welche Rituale rund um den Heiratsantrag finde ich schön und hilfreich, welche eher störend?*
- *Welche Rituale rund um die Verlobung vermisse ich im Familien- und Freundeskreis, am Arbeitsplatz oder im öffentlichen Leben?*
- *Wie habe ich meinen eigenen Polterabend erlebt? Oder wie möchte ich diesen eines Tages gestalten?*
- *Welche Elemente müssten an meinem Polterabend vorkommen? Und welche auf keinen Fall?*

Hoch-zeit feiern

»Hochzeiten oder Paarsegnungen finde ich die schönsten Feste, die man feiern kann. Ich finde es aber befremdend, wenn ein Paar in der Kirche heiratet, nur weil es ein dekorativer Raum mit guter Akustik ist« (♀, 46 Jahre). »Dass zwei Menschen in guten und in schlechten Zeiten zusammenhalten wollen, finde ich schön. Eheringe finde ich als Symbol ebenfalls sehr stimmig. Und das Berühren der Lippen als Besiegelung des Bundes finde ich wunderbar« (♀, 54 Jahre). »Mich stört, dass Hochzeiten oft nicht persönlich gestaltet sind, sondern starren Formen folgen« (♀, 50 Jahre). »Neben Ringtausch und Ja-Wort gäbe es sicher noch andere Rituale, die ein Paar mehr verbinden und die auch die Verbundenheit mit den Gästen mehr ausdrücken würden« (♀, 41 Jahre). »Meine Hochzeit war ein außergewöhnliches Fest, leider ohne Rituale. Mein Mann wollte das nicht« (♀, 49 Jahre).

Weil der religiöse oder spirituelle Bezug bei vielen Partnern ungleich ausgeprägt ist, verzichten sie als Konsequenz auf eine kirchliche Hochzeit. Weil sie aber das Unterzeichnen des rechtlichen Vertrags auf dem Standesamt als allzu nüchterne und profane Formalität empfinden, wünschen sie sich neben der zivilen Hochzeit ein Ritual, das der Bedeutung ihres Entscheids entspricht und gleichzeitig frei von traditionellen Worten und Riten ist.

Wenn ich mit Paaren ihre Hochzeit gestalte und sie erstmals treffe, versuche ich herauszufinden, wo die beiden spirituell stehen. Auf meine Schlüsselfrage, ob die Ringe und sie als Paar gesegnet werden sollen, antworten die beiden Brautleute meistens unterschiedlich. Einmal meinte die Partnerin: »Die Ringe darfst du gerne segnen, aber Gott und Jesus sollen nicht angerufen werden. Kannst du beispielsweise die Schutzengel um ihren Schutz bitten?«. »Ja klar«, meinte ich schmunzelnd, »der Segen des mittleren Kaders wirkt genauso.«

Brautpaare, die unterschiedlichen Kulturen und Religionen angehören, können auch Rituale aus den verschiedenen Traditionen in die Feier integrieren. Wenn ein Paar nach jüdischer Tradition ein Weinglas zertritt und alle Anwesenden »Masel tov« (»Viel Glück«) rufen, wirkt das ebenso stimmig, wie wenn die muslimische Braut erst bei der dritten Anfrage »Ja« sagt. Buddhisten besprengen die Braut mit Weihwasser und chinesische Bräute heiraten in Rot – der Farbe des Glücks.

Bei der Gestaltung einer Hochzeitsfeier ist es wichtig, sich zuerst die mit dem Fest verbundenen Veränderungsprozesse bewusst zu machen. Selbstverständlich geht es für das Paar primär um den Übergang von einer Lebensabschnitts-Partnerschaft zu einem verbindlichen Bund. Dass dieser Übergang auch Ängste auslöst, darf man an der Trauung durchaus thematisieren. Oft erlebe ich bei der Vorbereitung von Hochzeiten auch, dass die Brautleute noch gar nicht von ihren Eltern abgelöst sind. Hochzeitsfeiern sind eine ideale Gelegenheit, um Eltern, die noch immer an ihren Kindern kleben, mit einem Ritual für ihre bisherige Begleitung zu danken und ihnen etwas zu schenken, was ihnen klar vor Augen führt, dass ihre Kinder nun definitiv einen eigenen Weg gehen. An der Hochzeit sagen die Partner letztlich auch »Ja« zu einem neuen Familiensystem, was nicht nur einfach ist. Ich gestaltete einmal eine Hochzeit, an der sich die Elternpaare im Festsaal zum ersten Mal sahen. Die Eltern der Braut waren vornehm gewandet, die tätowierten Hippie-Eltern des Bräutigams trugen Jeans. Vermutlich dachten sich beide Elternteile, dass sie ihre späteren Enkel möglichst vor den anderen Großeltern schützen müssten. Falls die Aufnahme in neue Familiensystem nicht schon an der Verlobung rituell gestaltet wurde, kann man dies bei der Hochzeitsfeier in stimmiger Weise tun. Eine Hochzeit ist übrigens nicht nur für das Brautpaar und deren Eltern mit Veränderungen und starken Emotionen verbunden. Alle anwesenden Gäste werden spätestens beim Ja-Wort des Brautpaars mit ihrer eigenen Beziehung und ihrer eigenen Zusage zu ihren Partnern konfrontiert. Auch dies kann man bewusst thematisieren und rituell gestalten.

Die konkrete Gestaltung der Hochzeitsfeier sagt viel über ein Brautpaar aus. Bereits der Auftakt ist ein Statement, je nachdem, ob die Braut am Arm des Vaters, der Mutter, des Bräutigams, der Trauzeugin oder allein bei festlicher Musik in den Raum einzieht oder auf einen speziellen Einzug verzichtet. Manche Frauen wollen bewusst traditionell zu Klängen von Mendelssohn oder zu Wagners »Lohengrin« am Arm ihres Vaters zur Trauung geführt werden. Sie wollen auch nicht, dass ihr Partner sie vor der Hochzeitsfeier im Brautkleid sieht, selbst wenn sich ihre emanzipierten Freundinnen, Mütter und Omas die Haare raufen. Für das Brautkleid gilt der alte englische Brauch: »Something old, something new, something borrowed, something blue – and a Silver Sixpence in her shoe« (deutsch: »Etwas Altes, etwas Neues, etwas Geliehenes, etwas Blaues – und eine silberne Münze in ihrem Schuh«). Das Geldstück im Brautschuh soll dafür sorgen, dass das Geld in der Ehe niemals ausgeht. Manche Bräute tragen auch einen Schleier, der nach dem Glauben der Germanen verhindert, dass böse Dämonen durch die Nasenlöcher der Braut schlüpfen. Der Schleier ist auch wie das offen getragene Haar und die weiße Farbe des Kleides Sinnbild für die Jungfräulichkeit der Braut. Darum finden es manche Hochzeitsgäste etwas seltsam, wenn die Braut, die aus erster Ehe schon drei Kinder hat, nochmals in Weiß heiratet.

Beim Verlassen der Kirche oder des Ritualraums warfen die Gäste früher Reiskörner über das Paar, womit die Fruchtbarkeit der Ehe symbolisiert wurde. Angesichts von Hungersnöten und Lebensmittelverschwendung wurde dieser Brauch aber verständlicherweise an den meisten Orten abgeschafft. Ein gutes Beispiel dafür, dass Rituale dem Wandel der Zeit unterliegen und sich aus ethischen oder rechtlichen Gründen ändern können oder gänzlich verschwinden.

Nach der Trauung wirft die Braut traditionellerweise ihren Brautstrauß in die Menge der unverheirateten Frauen. Wer ihn fängt, soll als nächste das Hochzeitsglück erleben. In einigen ländlichen Gegenden der Schweiz besorgen Freunde des Brautpaars einen dicken Holzstamm, den das Brautpaar als Ausdruck der Gleichberechtigung und der guten Kooperation mit einer Ziehsäge gemeinsam entzweit. Ein weiteres traditionelles Hochzeitsritual ist der Brauttanz beim abendlichen Fest. Dieser kann sehr stimmig und gar erotisch sein, wenn das Paar seit Jahren Tango-Unterricht nimmt. Der Brautwalzer kann aber auch Schmunzeln erzeugen, wenn der Partner den ¾-Takt nicht wirklich im Blut hat.

> ➢ *Wie stimmig erlebte ich die Rituale an meiner eigenen Hochzeit?*

- ➢ Was würde ich heute an meiner Hochzeit anders gestalten, weglassen oder zusätzlich integrieren?
- ➢ Welche Rituale haben mir bei Hochzeiten, zu denen ich als Gast eingeladen war, besonders gefallen?
- ➢ Und welche Rituale haben mich bei Hochzeiten von Bekannten besonders gestört oder befremdet?
- ➢ Welche rituellen Zeichen und Handlungen vermisse ich generell bei Hochzeiten?

Wenn die Liebe stirbt

»Nach der Scheidung meiner Eltern und nach dem Ende meiner eigenen Ehe hätte es mir geholfen, mit einem Ritual einen Schlussstrich zu ziehen, um das Einlassen auf Neues zu erleichtern. Gerade weil Trennungen mit negativen Emotionen behaftet sind, wäre es gut, mit sich und der anderen Person Frieden zu schließen – wenn nicht in einem gemeinsamen Ritual, dann zumindest jede Person für sich. Heute, zehn Jahre nach unserer Scheidung, muss ich kein Ritual mehr nachholen, schreibe meinem früheren Gatten aber am Hochzeitstag jeweils ein paar liebe Zeilen« (♀, 46 Jahre). »Mir fehlen kirchliche Scheidungsrituale, damit beide einen guten Weg weitergehen können« (♂, 60 Jahre).

Das Freilassen, Seinlassen oder Gehenlassen von Vergangenem gehört zu jedem Veränderungsprozess. In manchen Ritualen bildet die Trennung, der Bruch, die Ablösung, der Abschied oder das Ende von einer bestimmten Person, Zeit oder Situation das Hauptthema des Rituals. Bei einer Trennung durch den physischen Tod eines geliebten Menschen existieren traditionelle, vertraute und öffentliche Rituale. Bei einem emotionalen Liebestod hingegen sind wir in der Regel auf uns selbst gestellt und müssen eigene Wege und Rituale finden, um mit dem Trennungsschmerz umzugehen: »Nach Trennungen hilft es mir, wenn ich Briefe, Fotos oder Tagebücher verbrenne sowie Bilder, Mails und WhatsApp-Nachrichten lösche« (♀, 47 Jahre).

In den letzten Jahren sind über Trennungsrituale zahlreiche Artikel und Bücher erschienen, die wertvolle theoretische Überlegungen und praktische Gestaltungsideen beinhalten. In der Praxis erlebe ich jedoch kaum Bedarf nach Abschiedsritualen, obschon diese hilfreich sein könnten für das Freilassen des Vergangenen und das Sich-Einlassen auf Künftiges. Die Schwierigkeit von Trennungsritualen liegt darin, dass bei Paaren, die sich fremd geworden sind oder sich im Konflikt getrennt haben, meistens ein Partner oder gar beide nicht mehr bereit sind, sich auf einen gemeinsamen kreativen Prozess einzulassen und diesen rituell miteinander zu gestalten. Während ein Hochzeitsritual nur in Anwesenheit beider Brautleute Sinn macht, ist ein Trennungs- oder Scheidungsritual in Abwesenheit des ehemaligen Partners durchaus stimmig. Möglich wäre auch, dass Paare den ersten Teil des Trennungsrituals gemeinsam gestalten, um das Vergangene zu würdigen und sich frei zu lassen, und den zweiten Ritualteil, wo das Sich-Einlassen auf Neues thematisiert wird, separat begehen. Wenn ein getrenntes Ehepaar gemeinsame Kinder hat, bleiben sie weiterhin gemeinsam Eltern. Darum sollte das künftige Verhältnis zu den Kindern und Enkeln in einem Trennungsritual sowie bei einer späteren zweiten Heiratsfeier unbedingt rituell gestaltet werden.

- ➢ *Welche Trennungsrituale finde ich stimmig, wichtig und hilfreich?*
- ➢ *Welche Trennungsrituale finde ich störend?*
- ➢ *Wer müsste oder dürfte bei einem Trennungsritual anwesend sein?*
- ➢ *Bei welchen Trennungen hätte ich mir ein Ritual gewünscht?*
- ➢ *Welche Trennungsrituale vermisse ich?*

Von der Midlife-Crisis zur Midlife-Chance

Als der kanadische Psychoanalytiker Elliott Jaques im Jahr 1957 den Begriff »Midlife-Crisis« prägte, beschrieb er ein Phänomen, das damals, als die Lebenserwartung bei etwa 70 Jahren lag, bei vielen Menschen um die 35 auftrat. Als Auslöser für die Krise in der Lebensmitte identifizierte er die sinkende geistige und körperliche Leistung, die Erkenntnis über die eigene Sterblichkeit, den zwanghaften Versuch, jung zu bleiben sowie die Unzufriedenheit mit dem bisher beruflich, familiär und partnerschaftlich Erreichten. Weil unsere Lebenserwartung in den letzten 60 Jahren aber massiv gestiegen ist, haben sich auch unsere Lebenswenden zeitlich nach hinten verschoben. Weil heute immer mehr Menschen 90-jährig und älter werden, treffen die typischen Midlife-Symptome eher auf Personen zwischen 50 und 55 Jahren zu. 35-jährige stecken heute meistens noch im Aufbau von Familie und Berufskarriere und spielen noch professionell Tennis oder Fußball. Die Ablösung der Kinder erfolgt für Eltern heute auch nicht mehr mit 45, sondern eher mit 60 Jahren. Und wenn Eltern heute pflegebedürftig werden oder sterben und ihren Kindern die Endlichkeit des Lebens vor Augen führen, sind diese auch nicht 40, sondern eher 60 Jahre alt. Darum tritt auch die typische Mid-Life-Frage, ob der beste Teil des Lebens bereits hinter einem liege und welches der eigentliche Sinn und die wesentliche Essenz des Lebens sei, heute bei den meisten erst mit 50 oder 55 Lebensjahren auf. Viele 50plus bestätigen heute die Symptome, die Jacques früher den 35-Jährigen zuschrieb: Sie trainieren wie 20-jährige auf Marathonläufe hin, kleiden sich wie ihre Kinder und verwenden gerne deren Umgangssprache. Dass die Midlife-Crisis heute mit 50–55 Jahren erfolgt, hängt wohl auch damit zusammen, dass der Arbeitsmarkt dieser Altersgruppe deutlich zu verstehen gibt, dass sie nicht mehr so gefragt ist wie die Vertreter der Generation Y und Z, die «digital natives» und die «Millennials». Die Midlife-Crisis fällt heute stärker als früher mit den Wechseljahren zusammen. Frauen erleben diese rund um Klimakterium und Menopause, während bei Männern in der Andropause Testosteronspiegel, Libido und Muskelmasse sinken und Müdigkeit, Bauchfettgewebe und Stimmungsschwankungen steigen.

Die typischen Phänomene der Lebensmitte müssen aber nicht zwingend zu einer »Midlife-Crisis« führen, sondern können sogar eine einzigartige »Midlife-Chance« darstellen. Die Erkenntnis, dass uns im Beruf und in der Partnerschaft vieles nicht gelungen ist, lässt unseren Perfektionismus schrumpfen und die Toleranz wachsen. Und die Erkenntnis der eigenen Sterblichkeit schenkt uns die Erfahrung, dass die Zeit eine immer wertvollere Ressource wird, die es sinnvoll zu nutzen gilt.

Der Übergang vom Raffen zum Geben, vom Tun und Leisten zum Sein und Genießen sowie das Älterwerden würden uns vermutlich leichter fallen, wenn wir den Änderungsprozess vom Sommer zum Herbst des Lebens mit Ritualen gestalten und feiern würden. Die Maturitätsprüfung wird am Übergang vom Frühling zum Sommer des Lebens freudig gefeiert, auch wenn die jungen Menschen zu jenem Zeitpunkt nicht wirklich in der Reife, sondern in der Blüte des Lebens stehen. Es ist natürlich und normal, dass 20- bis 40-Jährige Wissen und Erfahrungen, Materielles und Geistiges aufsaugen wie ein Schwamm oder ein junger Baum. Aber so wie die Rose oder der Apfel irgendwann vom Aufsaugen von Wasser, Nährsalzen, Wärme und Sauerstoff zum Abgeben von Duft, Geschmack und Schönheit gelangen, sollten Menschen in der Lebensmitte ebenfalls spüren, dass sie vom Nehmen zum Geben, vom Lernen zum Coachen, vom Sammeln zum Teilen gelangen sollten.

Will man ein Reife-, Lebensmitte- oder Lebensherbst-Ritual gestalten, kann man sich nicht wie bei Taufen und Hochzeiten auf zahllose Vorlagen stützen, sondern muss die stimmigen Gestaltungselemente selbst erfinden. Auch hier helfen die Grundfragen weiter: Welche Prozesse sind mit der Lebenswende verbunden? Was geht zu Ende, was erwartet mich und was geschieht im Zwischenraum? Und welche Gefühle verbinde ich mit den verschiedenen Phasen? Gegenstände, die für die vergangene Lebensphase stehen, könnte man verschenken. Die Brachzeit könnte man mit einer Pilgerreise verbinden. Und für die künftige Phase könnte ich bewusst ein paar Bücher lesen. Ein Reife-, Lebensmitte- oder Lebensherbst-Ritual könnte beispielsweise an einem runden oder halbrunden Geburtstag gestaltet werden oder einfach, wenn die Zeit dafür reif erscheint.

> ➤ *Wie habe ich mich auf die Lebensmitte, den Lebensherbst oder die Wechseljahre vorbereitet und diesen Übergang gestaltet? Oder wie will ich mich auf diese Lebenswende vorbereiten und sie gestalten?*

➢ Welche Rituale finde ich rund um Lebensmitte, Lebensherbst oder Wechseljahre hilfreich und stimmig?
➢ Welche Rituale finde ich rund um Lebensmitte, Lebensherbst oder Wechseljahre nicht stimmig?
➢ Welche Rituale vermisse ich rund um Lebensmitte, Lebensherbst oder Wechseljahre?

Ruhestand zwischen Panik und Erlösung

Früher war der Schritt in den Ruhestand primär für den Mann bedrohlich, weil er sich stärker als die Frau mit seiner beruflichen Rolle identifizierte. Die Frau, die sich traditionell mehr durch ihre Mutterrolle definierte, erlebte darum eher den Auszug der Kinder aus dem Elternhaus als Krise und Bedrohung. Heute definieren sich in unserem Kulturraum Frauen und Männer ähnlich stark über ihren Beruf. Auch ihre sozialen Kontakte ergeben sich gleich oft durch das professionelle Umfeld. Darum ist der Ruhestand heute bei Frau und Mann mit vergleichbaren Unsicherheiten und Ängsten verbunden, selbst wenn zuvor der Arbeitsalltag zunehmend als Belastung empfunden wurde. Unangenehm am Ruhestand ist nicht nur, dass er einem im Alltag keine Struktur bietet, sondern dass er einen auch mit der Frage konfrontiert, wofür man innerlich brennt und wofür man sich künftig engagieren will. Leider gestalten die wenigsten den Übergang in den Ruhestand mit einem Ritual. Auch pflegt kaum eine Firma eine Ritual-Kultur, um Angestellte würdig in Rente zu schicken. Es überrascht deshalb wenig, dass sich viele Jungrentner wie auf ein Abstellgleis gestoßen und entsorgt fühlen. Der Mangel an Rente-Kultur wirkt auch negativ auf die Verbleibenden im Unternehmen.

Die Entlassung in den Ruhestand eignet sich ideal zur rituellen Gestaltung. Die Ablösung vom Arbeitsalltag ist je nachdem mit Dankbarkeit und Freude, Enttäuschung oder Wut verbunden und kann entsprechend gestaltet werden. Weil auch das Brachland zwischen Berufsalltag und Ruhestand mit unterschiedlichsten Emotionen verbunden ist, kann die Schwellenphase mit sehr individuellen Zeichen und Gesten gestaltet werden, beispielsweise mit einem Rucksack oder

Koffer für eine längere Auszeit. Die Öffnung auf die neue Lebensphase löst oftmals ambivalente Gefühle aus: von eitler Freude bis zu tiefen Ängsten. Die einen freuen sich auf den Ferienmodus, in dem sie nur noch tun, was ihnen Freude bereitet, die anderen fürchten sich vor Langeweile, fehlender Struktur und Leere. Die einen suchen im Ruhestand schon rasch nach neuer Zugehörigkeit in einem Engagement, andere sehnen sich nach mehr Autonomie und Unabhängigkeit. Entsprechend erfolgt auch die rituelle Gestaltung des Einlassens auf die neue Lebensphase mit stimmigen Zeichen, Worten und Handlungen.

- ➤ *Wie wurde meine Entlassung in den Ruhestand gestaltet, falls ich mich bereits im Ruhestand befinde?*
- ➤ *Welche Rituale werden an meinem Arbeitsplatz gestaltet, wenn jemand in Rente geht?*
- ➤ *Welche Gefühle verbinde ich mit meiner Entlassung in den Ruhestand?*
- ➤ *Wie will ich mich auf diese Lebenswende vorbereiten und sie gestalten?*
- ➤ *Welche Rituale finde ich rund um den Ruhestand hilfreich und stimmig?*
- ➤ *Welche Rituale finde ich rund um den Ruhestand nicht stimmig oder gar störend und verletzend?*
- ➤ *Welche Rituale vermisse ich rund um die Entlassung in den Ruhestand?*

Lange leben, aber nicht alt werden

Ob jemand froh und gelassen altert oder verbissen und frustriert, hängt wesentlich mit der Fähigkeit zur konstruktiven Kooperation mit dem Unvermeidlichen zusammen. Im Alter gibt es zahlreiche Änderungsprozesse, die man proaktiv und gelassen gestalten oder passiv in der Opferhaltung erleiden kann. Meine Mutter beendete mit 80 Jahren das Tennisspielen, weil ansonsten ihre Schulter hätte operiert werden müssen. Und mit 81 Jahren verschenkte sie ihre Skier, weil kaum noch jemand in ihrem Alter diesen Sport ausübte und sie sich von den

Pistenrasern zunehmend bedroht fühlte. Sie hat aber niemals über das Loslassen dieser geliebten Hobbys gejammert, sondern konzentriert sich auf das Mögliche und freut sich darüber, dass sie mit 86 Jahren noch mühelos einen halben Kilometer schwimmen kann und mit Freundinnen regelmäßig Spaziergänge unternehmen darf.

Weil das Auto für ältere Menschen ein Ausdruck von Unabhängigkeit und Mobilität ist, empfinden sie das Abgeben des Führerscheins als dramatische Veränderung. Alte Menschen geben die Autoschlüssel in der Regel nur unfreiwillig ab, wenn sie den medizinischen Test nicht bestehen oder wenn sie die Augen operieren lassen müssten, um den Führerschein behalten zu können. Ein Schlüsselabgabe-Ritual würde den schmerzlichen Prozess des Loslassens zweifellos entschärfen. So wie Kinder ihren Schnuller am zweiten oder dritten Geburtstag abgeben und dafür ein Geschenk von ihren Eltern bekommen, könnten Senioren ihren Autoschlüssel anlässlich ihres 75., 80. oder 85. Geburtstags feierlich ihren Kindern oder Enkeln übergeben und sich dafür Taxigutscheine oder die Jahreskarte für Tram, Bus und Zug schenken lassen.

Viele ältere Menschen leiden am Abnehmen des Gehörs, vor allem wenn sie bei Tischgesprächen Scherze nicht mitbekommen und verunsichert reagieren, wenn alle anderen auf einmal lachen. Während Brillen längst als schicke Mode-Accessoires gelten, werden Hörgeräte noch immer als Makel empfunden, auch wenn man die neuesten Modelle kaum mehr sieht. Die Installation eines Hörgeräts könnte durch ein Ritual erleichtert werden. Die Mutter oder der Vater könnte bei der Feier zunächst das Hörgerät anziehen und ein Musikstück, das sie oder er besonders liebt, zunächst mit ausgeschaltetem Gerät hören. Danach wird das Hörgerät eingeschaltet und die Musik nochmals abgespielt. Man könnte der Mutter oder dem Vater beim Kauf des Hörgeräts auch eine CD mit ihrer Lieblingsmusik oder ein Abo von Spotify schenken, mit dem sie die gewünschte Musik jederzeit im Internet herunterladen können.

Auch der Eintritt in die Betagten-Residenz ist für ältere Menschen ein einschneidender Übergang. Meistens erfolgt der Umzug nicht ganz freiwillig, sondern aufgrund eines Schenkelhalsbruchs oder wegen einer fortschreitenden Demenz. Die Institutionen werden kaum mehr Alters- oder Pflegeheime genannt, weil diese Begriffe den Eindruck erwecken, dass es sich um die letzte Lebensstation handelt. Den Eintritt ins Betagtenzentrum könnte man durch eine rituelle Feier zweifellos erleichtern. Der erste Teil des Rituals wäre dem Abschied von der Wohnung oder vom Haus gewidmet. Der Vater oder Großvater, der ins Heim umzieht, könnte bestimmte Gegenstände der Wohnung seinen Kindern oder Enkelinnen, Patenkindern, Freunden oder Nachbarinnen schenken. Andere Gegenstände könnte er bewusst mit an den neuen Ort mitnehmen. Und für den neuen Ort würden die Angehörigen den Vater oder den Opa beschenken: mit einem gerahmten Bild vom früheren Wohnhaus oder mit Gutscheinen für gemeinsame Ausflüge.

Manche Jubilare zelebrieren an ihrem 85. oder 90. Geburtstag ein spezielles Ritual des Weitergebens. Feierlich verteilen sie ihr Vermögen an ihre Kinder, Enkel und Urenkel, weil sie es vorziehen, ihren Besitz mit warmen Händen weiterzugeben und die Freude in den Gesichtern der Beschenkten noch live zu erleben.

> ➤ *Für welche Veränderungsprozesse im Alter finde ich Rituale besonders stimmig und hilfreich?*
> ➤ *Welche Rituale im Alter finde ich unpassend?*
> ➤ *Welche Übergangs-Rituale im Alter vermisse ich im Privatleben oder im öffentlichen Leben?*

Die »letzten Dinge« regeln

Zwar wissen wir um die Endlichkeit unseres Lebens, verdrängen diese Tatsache aber gerne und meisterhaft. Wenn in Todesanzeigen steht, dass der 95-jährige Vater, Opa und Urgroßvater plötzlich und völlig unerwartet gestorben sei, kann ein Haitianer nur schmunzeln, weil die Lebenserwartung dort noch immer unter 60 Jahren liegt. Viele 80-Jährige haben hierzulande weder ein Testament noch eine Patientenverfügung oder einen Vorsorgeauftrag verfasst. Wer seine »letzten Dinge« proaktiv und frühzeitig regelt, kann gelassener mit der eigenen Vergänglichkeit umgehen. Wenn jemand ohne Testament und ohne

Hinweise bezüglich Bestattung stirbt, müssen Angehörige unangenehme Entscheidungen treffen, die Konflikte untereinander erzeugen können.

Wolfgang Amadeus Mozart schrieb mit 31 Jahren an seinen Vater: *»Ich lege mich nie zu Bett, ohne zu bedenken, dass ich vielleicht – so jung als ich bin – den andern Tag nicht mehr sein werde. Und es wird doch kein Mensch von allen, die mich kennen, sagen können, dass ich im Umgang mürrisch oder traurig wäre. Für diese Glückseligkeit danke ich alle Tage meinem Schöpfer und wünsche sie von Herzen jedem Mitmenschen.«* Mozart, der 35-jährig starb, war ganz sicher kein Kind der Traurigkeit. Und seine Worte zeigen uns, dass der Gedanke an den Tod nicht traurig stimmen muss. Im Gegenteil. Wer die Tatsache der Vergänglichkeit akzeptiert und wer im Bewusstsein lebt, dass jeder Tag ein Geschenk ist, lebt dankbar und zufrieden.

In meiner Pultschublade befinden sich Vorsorgeauftrag, Pflege- und Patientenverfügung, der Lebenslauf, das Testament, die Todesanzeige, der Ablauf der Abschiedsfeier sowie Adresslisten von Menschen, die eine Todesanzeige erhalten sollen. Mehrmals wöchentlich wandere ich an den wunderschönen Ort, wo meine verstreute Asche dereinst ewig ruhen darf. Im höheren Alter werde ich wohl an meine Nahestehenden persönliche Abschiedsbriefe verfassen und mich für alles Erlebte speziell bedanken. Dann und wann ändere ich meine Wünsche im »Letzte-Dinge-Dossier«, wenn ich bei Beerdigungen, in Büchern oder Todesanzeigen ein bewegendes Gedicht lese oder wenn ich ein wunderbares Musikstück im Radio höre. Zudem trage ich im Geldbeutel eine Karte mit den Namen meiner nächsten Angehörigen, die benachrichtigt werden sollen, falls ich nicht mehr bei Bewusstsein bin. Im Geldbeutel trage ich auch seit vielen Jahren einen Organspendeausweis, weil ich das freiwillige Spenden von Organen sinnvoll finde. Aber falls die Schweizer Stimmbevölkerung in den nächsten Jahren unter dem Druck der Chirurgen-Lobby entscheiden wird, dass man allen Verstorbenen Organe entnehmen kann, falls kein ausdrücklicher Widerspruch dagegen vorliegt, werde ich meine Position ändern und die staatliche Verfügungsgewalt über meinen Körper strikt verbieten.

Als bei meinem krebskranken Vater der Tod absehbar war, sprach ich mit ihm offen über seine Beerdigungsfeier und Bestattung. Ich fragte ihn, ob er eine Erdbestattung oder eine Kremation wünsche und ob er in der Trauerfeier und bei der Bestattung bestimmte Texte, Gebete oder Lieder wünsche. Auch wenn es Überwindung brauchte, diese Themen anzusprechen, war ich nach seinem Tod sehr froh zu wissen, dass wir seine Wünsche erfüllten.

Mehrere Personen haben mich gebeten, dereinst ihre Trauerfeier und Bestattung zu gestalten. Die Vorbereitungsgespräche berühren mich jeweils tief. Eine Frau will mit aktiver Sterbehilfe aus dem Leben treten. Sie hat bereits ihre Urne getöpfert und bemalt. Eine andere Frau, die ich inzwischen bestattet habe, gestaltete im Voraus die Karten, in denen ihre Todesanzeige versendet wurde. Viele Menschen wollen nach dem eigenen Tod den Angehörigen möglichst wenig Umstände und Arbeit bereiten. Manche überlegen sich sogar den Verzicht auf eine Abschiedsfeier. Diesen Personen gebe ich zu bedenken, dass Abschiedsfeiern und Bestattungen für die Hinterbliebenen wichtige Möglichkeiten für deren Trauerprozess sind.

Das Formulieren der »letzten Dinge« kann man durchaus lustvoll rituell gestalten. Ich kann mir gut vorstellen, dass ein Paar dafür ein gemeinsames Wochenende gestaltet, an dem sie ihren Lebenslauf, das Testament, die Todesanzeige, den Ablauf der Abschiedsfeier, die Liste der Beerdigungsgäste und die Patientenverfügung miteinander diskutieren und formulieren. Sie können auch die Art des Sarges, der Urne und des Grabes auswählen und den Ort besuchen, wo dereinst ihr Leichnam liegen oder die Asche begraben oder verstreut werden soll. Dazu können sie die Musikstücke hören, die bei der Trauerfeier oder am Grab gespielt oder gesungen werden sollen. Und da, wo dereinst das Totenmahl geplant ist, kann man das kreative Wochenende mit einem feinen Essen krönen. Einmal jährlich oder alle zwei bis drei Jahre kann sich das Paar fragen, ob die formulierten Wünsche noch alle zutreffen oder ob man etwas ändern will. Ich bin überzeugt, dass der Schlüssel zur Gelassenheit darin liegt, dass wir uns regelmäßig mit dem eigenen Tod befassen und uns mit ihm vertraut machen. Franz von Assisi nannte in seinem Sonnengesang den Tod »unsere leibliche

Schwester«. Ganz so vertraut ist mir mein Ende noch nicht, aber ich wachse mit dem Tod allmählich in eine Freundschaft hinein.

- *Welche »letzten Dinge« habe ich bereits geregelt?*
- *Wie möchte ich meine »letzten Dinge« regeln?*
- *Was spricht für oder gegen die Kremation?*
- *Wo will ich die Zeit zwischen Tod und Bestattung verbringen?*
- *Wo, wie und mit wem soll die Beerdigung gestaltet sein?*
- *Was spricht für eine Beisetzung in aller Stille?*
- *Wo und wie soll mein Grab gestaltet werden?*
- *Soll meine Asche auf dem Friedhof, auf einem See oder Fluss, bei einem Baum oder (außerhalb Deutschlands, wo dies verboten ist) irgendwo in der Natur verstreut werden?*
- *Kann ich diese Fragen auch für meine engsten Angehörigen beantworten? Weiß ich, ob und wie sie ihre »letzten Dinge« geregelt haben? Was möchte und was sollte ich von wem wissen?*

Abschied in Etappen

Sterben und Tod beinhalten eine Vielzahl von Abschieden und Veränderungsprozessen. Bei einigen Übergängen bestehen traditionelle und vertraute Rituale, bei anderen nicht. Weil wir für den Abschied am Totenbett, beim Hinaustragen des Leichnams aus der Wohnung, beim Schließen des Sarges oder im Krematorium kaum Rituale kennen und weil wir auch nicht für jede Etappe des Loslassens den Pfarrer oder die professionelle Ritualberaterin aufbieten können und wollen, wird die eigene Ritualkompetenz rund um Sterben und Tod immer wichtiger. Die folgenden Worte kann man allein oder mit anderen bei allen Abschieds-Etappen sprechen:

Liebe/r ……….
(Vorname oder Bezugsname wie »Mama«, »Opi« etc.)

Dein Sterben / Dein Tod macht uns traurig.
Wir wollen dich aber nicht festhalten.

Wir lassen dich weitergehen.
Wir lassen dich frei.
Wir bleiben in Liebe, und in Gedanken mit dir verbunden.
Und wir werden dir eines Tages folgen.
Wir segnen / Gott segne dich.
Segne du auch uns.

Wenn Sterbende sich große Sorgen machen um das künftige Wohlergehen ihres Gatten, ihrer Kinder und Enkel, fällt ihnen das Sterben besonders schwer. Als die nicht mal 40-jährige Dorli und Mutter von drei Kindern im Alter von acht bis zwölf Jahren an Krebs litt, zerriss es ihr fast das Herz, ihre Kinder ohne die eigene Mutter aufwachsen zu sehen. Darum gestaltete ich mit ihr, ihrem Mann und den Kindern ein Abschiedsritual am Sterbebett. Alle drei Kinder sagten ihrer Mutter, dass sie das Bestmögliche für die ganze Familie getan habe, dass sie jetzt gehen dürfe und darauf vertrauen könne, dass alle ihren Weg finden werden. Auch baten alle die Sterbende, dass sie als Engel im Himmel ihre Kinder und ihren Gatten fortan beschützen und segnen soll. Auch wenn bei diesem Abschiedsritual viele Tränen flossen, war Dorlis Unruhe von diesem Moment an von ihr gewichen und sie konnte kurze Zeit danach friedvoll sterben. Zum Glück gibt es inzwischen an vielen Orten palliative Begleitung, wo nicht mehr versucht wird, die Sterbenden möglichst lange am Leben zu erhalten. Ohne die Fixierung auf medizinische Heilung erhalten Sterbende und ihre Angehörigen eher die Möglichkeit für einen echten Abschied, für klärende Gespräche, für das gegenseitige Danken und das Aussprechen von Wünschen.

Im Moment, wo eine Person zum letzten Mal den Atem aushaucht, besteht kein Grund zur Hektik. In manchen Kulturen werden die Fenster geöffnet, damit die Seele entweichen kann. Oder es werden Kerzen angezündet als Symbol für die österliche Auferstehung. Tritt der Tod ein, können die Angehörigen (allein oder zusammen mit dem Pflegepersonal) die Augen der verstorbenen Person schließen und einen feuchten Waschlappen auf die Augen legen, damit diese geschlossen bleiben. Das Personal wickelt jeweils eine elastische Binde um den Kopf, vom Kinn bis zum Schädel, damit der Mund bei eintretender

Leichenstarre geschlossen bleibt. »*Nach dem Tod meiner Eltern empfand ich es als sehr hilfreich, dass ich beim Waschen und Anziehen des Leichnams helfen durfte*« (♀, 51 Jahre). Grundsätzlich gilt: Wir dürfen und sollen leblose Körper wie lebendige behandeln. Selbst austretende Flüssigkeiten sind nicht giftig. Die verstorbene Person kann man beispielsweise mit der Seife und mit dem Lappen waschen, mit der sie sich früher selbst wusch. Auch kann man ihre privaten Tücher und Parfums zur Pflege verwenden. Verstorbene, die zuvor jahrzehntelang Wert auf gepflegte Kleidung legten, sollten nicht ausgerechnet bei der Verabschiedung in das klassische Totenhemd gesteckt werden, das sie niemals freiwillig angezogen hätten.

Dann ist erst einmal Ruhe angesagt. Der Arzt kann den Tod auch noch ein paar Stunden später feststellen. Auch das Bestattungsinstitut und der Auftrag für die Todesanzeige können warten. Zwischen Tod und Trauerfeier darf man den Leichnam auch daheim aufbahren, in Deutschland bis zu 36 Stunden und in der Schweiz bis zu 96 Stunden. Oft muss man sich aber gegen staatliche Behörden und Bestattungsbeamte durchsetzen, weil es für sie zusätzlichen Arbeitsaufwand bedeutet.

Angehörige, die den Leichnam in den Tagen bis zur Trauerfeier besuchen, können den segnen und dazu die Worte sprechen, die zu Beginn dieses Kapitels formuliert wurden. Angehörige können auch die Lieblingsmusik der verstorbenen Person abspielen oder deren Lieblingslieder singen. So wie man bei der Taufe mit Weihwasser ein Kreuz auf die Stirn des Kindes zeichnet, können Angehörige dieses Symbol auch auf die Stirn der verstorbenen Person zeichnen, um Hoffnung und Verbundenheit über den Tod hinaus auszudrücken. Man kann die verstorbene Person wie das Kind bei der Taufe mit Weihwasser besprengen, indem man etwas Wasser in die hohle Hand nimmt und über den Leib träufeln lässt. Man kann auch Blumen zu Füßen der verstorbenen Person legen und dazu laut oder im Stillen einen Dank, eine Bitte, einen Wunsch oder einfach ein liebes Wort sagen. Angehörige können auch Geschichten aus dem Leben mit der verstorbenen Person erzählen oder deren Lieblingstexte vorlesen. Auch wenn die physische Nähe mit dem oder der Toten für die meisten von uns ungewohnt ist, erzählen Angehörige noch Monate und Jahre später, wie wichtig und eindrücklich, tröstlich und schön die Stunden waren, in denen sie bei der toten Mutter oder ihrem verstorbenen Vater weilten. Manche Angehörige lassen in diesen Stunden und Tagen mehrmals das Leben mit ihren Eltern wie in einem Film ablaufen, andere schreiben in den stillen Stunden während der Nacht Briefe an die verstorbene Person. Es ist nicht pietätlos, wenn man in diesen Tagen Erinnerungsfotos vom und mit dem Toten knipst. Diese Bilder können später noch helfen, sich in Liebe und Dankbarkeit zu erinnern. Irgendwann wird man die Bilder nicht mehr brauchen. Meistens gibt es auch Angehörige, die in fernen Landen leben, auf Reisen sind oder im Krankenhaus liegen und darum keine Gelegenheit haben, sich vom Leichnam zu verabschieden. Für sie kann es ebenfalls hilfreich sein, wenn sie Fotos der verstorbenen Person sehen.

Ein hilfreiches Ritual während der Tage zwischen Tod und Abschiedsfeier kann auch die Gestaltung des Sarges oder der Urne sein. Kinder von Verstorbenen können den Sarg mit den Farben des Himmels oder mit Regenbogen und Sonnenblumen bunt bemalen. Ich habe einmal bei einer Beerdigung alle Angehörigen eingeladen, auf die hölzerne Urne einen letzten Gruß an die Verstorbene zu schreiben. Das hat zwar viele Tränen ausgelöst, während die Lieblingsmusik der Verstorbenen erklang, aber gleichzeitig wurde den Trauernden viel Trost und Kraft geschenkt.

Von der jüngeren Altsteinzeit über die ägyptische, griechische und römische Antike bis ins Mittelalter sind Gräber mit besonderen Beigaben ausgestattet worden. Heute wollen Kinder und Enkel ihren geliebten Eltern und Großeltern oft eine Zeichnung oder sonst etwas Persönliches, das sie mit den Verstorbenen verbindet, mit in den Sarg oder ins Grab geben.

Wird der Leichnam vor oder nach der Trauerfeier kremiert, kann dort ein Abschiedsritual im kleinen Kreis gestaltet werden, ehe der Sarg in den Ofen geschoben wird. Hindus begleiten ihre Verstorbenen immer bis ins Krematorium und lösen dort mit dem Knopfdruck die Kremation selbst aus. Je nach Land muss im Voraus geklärt werden, ob der Leib vor der Kremation nochmals ausgezogen und ärztlich geprüft wird, um den Zweifel an einem unnatürlichen Tod auszuschließen. In diesem Fall sollte man vorsichtshalber in der Nähe sein, um sicher zu sein, dass die Beigaben im Sarg nicht einfach weggeworfen werden vor der Kremation. In Zukunft werden Abschiedsrituale während der Kremation wohl zunehmen, weil immer mehr Menschen spüren, dass dieser Moment wichtig ist für den Prozess des Abschieds. Angehörige können in dieser Zeit ein gemeinsames Essen abhalten, Texte lesen oder Musik hören. Wenige Stunden nach der Einäscherung kann man in der Schweiz die Urne im Krematorium abholen, wenn man die Asche irgendwo in der Natur verstreuen will. In anderen Ländern bleibt die Urne bis zur Bestattung in den Händen der Friedhofsverwaltung. Auch beim Empfang der Urne kann ein kleines Ritual angebracht sein, weil es irritiert und schmerzt, die leiblichen Reste der Mutter, des Vaters, der Schwester oder des Sohnes plötzlich in einem metallenen oder tönernen Topf in den Händen zu halten.

Wichtig ist, dass die einzelnen Schritte und Rituale jeweils mit den anderen Angehörigen abgesprochen werden. Weil Angehörige in diesen Tagen emotional sehr angespannt sind, können rituelle Sololäufe zu jahrelangen Spannungen und Ressentiments in Familie und Freundeskreis führen.

- *Welche Erfahrungen habe ich bei der Begleitung von Sterbenden bisher gemacht?*
- *Welche Art von Sterbebegleitung wünsche ich mir?*
- *Welche Rituale bei Sterbebegleitungen habe ich stimmig und hilfreich erlebt?*
- *Welche Rituale bei Sterbebegleitungen habe ich störend und negativ erlebt?*
- *Welche Rituale fehlen nach meiner Meinung in der Sterbebegleitungen und Vorbereitung auf den Tod – für den Sterbenden wie auch für die Angehörigen?*
- *Welche Rituale habe ich beim Eintritt des Todes einer nahen Person positiv erlebt?*
- *Welche Handlungen habe ich gleich nach Eintritt des Todes störend und negativ erlebt?*

- Welche Rituale vermisse ich beim Eintreten des Todes?
- Welche Art von Abschied wünsche ich nach Eintritt meines eigenen Todes? Wo werde ich das schriftlich festhalten?
- Welche Erfahrungen habe ich mit dem Waschen und Kleiden von nahen Verstorbenen gemacht? Was war schön, stimmig, hilfreich und tröstlich, was störend oder unangenehm?
- Welche Wünsche habe ich dereinst in Bezug auf das Waschen und Kleiden bei mir selbst? Was wünsche ich mir, und was ganz bestimmt nicht? Und wo halte ich das schriftlich fest?
- Welche Rituale vermisse ich in Bezug auf die Herrichtung des Leichnams?
- Welche Rituale habe ich zwischen Todeszeitpunkt und Abschiedsfeier als schön und hilfreich, tröstlich und stimmig erfahren?
- Welche Rituale habe ich als störend erfahren?
- Wie und wo möchte ich dereinst die Tage zwischen Tod und Trauerfeier verbringen? Wo werde ich das schriftlich festhalten?
- Welche Rituale vermisse ich in den Tagen zwischen Tod und Trauerfeier – im privaten Bereich, am Arbeitsplatz oder im öffentlichen Leben?

Bestattungs-(un)-kultur

»Eine Kultur wird danach beurteilt,
wie sie mit ihren Toten umgeht.«

Perikles (griechischer Staatsmann, 5. Jh. v. Chr.)

Von der Art, wie Verstorbene bestattet werden, schließen Paläontologen, Archäologen und Ethnologen auf den Grad der Kultiviertheit einer bestimmten Kultur oder Zivilisation. Gegen Ende des 18. Jahrhunderts wurden in den meisten europäischen Regionen die kirchlichen Friedhöfe im Stadt- und Dorfzentrum aufgehoben und an die Peripherie verlegt. Der deutsche Philosoph und Kulturkritiker Walter Benjamin vertrat die Meinung, dass der unterbewusste Hauptzweck der bürgerlichen Gesellschaft darin bestehe, den Leuten die Möglichkeit zu verschaffen, sich dem Anblick von Sterbenden zu entziehen. Immer öfter liest man in Todesanzeigen, dass Verstorbene im engsten Familien- oder Freundeskreis beigesetzt wurden. Von vielen Verstorbenen erscheint nicht einmal eine Todesanzeige in der Zeitung. Anders in Süditalien wo großformatige Todesanzeigen neben Werbeplakaten im Stadtzentrum kleben.

Tod und Trauer finden heute vor allem auf dem Friedhof statt. Das Leben in der Leistungsgesellschaft soll durch Tote möglichst nicht gestört werden. Verstorbene werden kaum mehr daheim aufgebahrt, der Trauerzug vom Wohnhaus zur Kirche und zum Friedhof ist längst passé. Die meisten Menschen sterben heute im Krankenhaus oder im Altenheim, wo die Rahmenbedingungen des Sterbens von medizinischen Routinen und Abläufen bestimmt werden. Ich erinnere mich an den Abend, als ich nach einem Skiunfall frisch operiert in einem Viererzimmer im konservativ-katholischen Fribourg aus der Narkose aufwachte. Neben mir lag ein betagter Mann im Sterben. Niemand wachte bei ihm. Irgendwann hörte er auf zu atmen. Kurze Zeit später kam die Nachtschwester herein, steckte seine Siebensachen in einen Plastikbeutel, zog die Bettdecke über seinen Kopf und fuhr das Bett wortlos hinaus. Wir drei Zeugen schauten uns fassungslos an und schüttelten schweigend die Köpfe. Auch als ich einmal ein Pflegepraktikum in einem von Ordensschwestern geführten Spital in Basel absolvierte, wurden die Verstorbenen im Bett unter einem Turm von Decken und Kissen unauffällig in den Keller geschoben und von dort durch den Hinterausgang zur Aufbahrungshalle beim Friedhof gefahren.

Die fehlende Sterbekultur zeigt sich besonders, wenn Verstorbene keine nahen Angehörigen haben und ein ländlicher Gemeindevertreter, in der Regel der Friedhofsgärtner, die Urne ohne ein feierliches Wort bestattet. Kommt hinzu, dass vor allem ländliche Gemeinden über keine religionsneutrale Abdankungshalle verfügen, in der die Bevölkerung ihre Mitbürgerin würdigen und verabschieden kann, die jahrzehntelang am Ort lebte, sich in Vereinen engagierte und Steuern zahlte. Diese Gemeinden verletzen letztlich das Grundgesetz, das jeder Person ein schickliches Begräbnis garantiert. Es ist erstaunlich, dass nirgends Bürgerbewegungen oder Politiker den Bau von angemessenen Abschiedsräumen fordern und für alle Verstorbenen einen würdigen Abschied durch die Gemeinde verlangen.

Die Sterbe-Unkultur wütet leider oft auch auf Friedhöfen mit einer religionsneutralen Abdankungshalle. In manchen städtischen Räumlichkeiten darf eine Trauerfeier nicht länger als 20 Minuten dauern, was respektlos ist gegenüber der verstorbenen Person und ihren Angehörigen. Speziell befremdet war ich einmal beim Gestalten einer Beerdigung in der reichen Stadt Zug. Lange vor Beginn der Abschiedsfeier für die 93-jährige Frau bereitete ich in der Abdankungshalle die Feier vor. Als ich die Urne nirgends sah, fragte ich den Friedhofsverwalter, wann diese eintreffe, damit sich die Angehörigen während der Abschiedsfeier von der Verstorbenen verabschieden können. »Die Feier beginnt am Grab mit der Bestattung, die Urne ist schon dort«, lautete die trockene Antwort. Obwohl ich mich wunderte, dass der Ablauf vom Staat diktiert wird, änderte ich spontan die Abfolge von Trauerfeier und Bestattung und inspizierte das Urnengrab. Aber auch dort sah ich keine Urne. Wieder ging ich zum Friedhofsverwalter und fragte, wo die Urne sei. Noch trockener und gereizter meinte dieser: »Die ist schon in der Erde, wir haben später keine Zeit zum Versenken der Urne.« Als ich ihn dann noch zu fragen wagte, wo das Weihwasser zur Segnung der Urne sei, meinte er in herrischem Ton: »Die Frau ist aus der Kirche ausgetreten, da gibt es kein Weihwasser.« Bei einer anderen Beerdigung in Zürich herrschte der Friedhofsverwalter die Tochter der jung verstorbenen Mutter an, sie solle gefälligst die Reihenfolge der Musikstücke auf einem Papier notieren, obwohl die Titel in ihrem Smartphone in klarer Abfolge programmiert waren. Der Umgang von Vater Staat mit Verstorbenen und deren Angehörigen hat noch »viel Luft nach oben«, wie man heute so schön zu sagen pflegt.

➢ *Wie nehme ich den Umgang unserer Gesellschaft mit Sterben, Tod und Trauer bzw. mit Sterbenden, Toten und Trauernden wahr?*

➢ *Welche Rituale vermisse ich rund ums Sterben und Tod – im Privatbereich, am Arbeitsplatz, in Spitälern und Heimen, in Kirchen, auf Friedhöfen und in der Öffentlichkeit?*

Trauer zulassen und teilen

»Auch wenn es nicht ›schön‹ ist, jemanden verabschieden zu müssen, hilft das Ritual, Abschied nehmen zu können und zu dürfen« (♀, 42 Jahre). »Ich werde immer intoleranter gegenüber Beerdigungen im engsten Familienkreis. Wer Freunden und Verwandten das Abschiedsritual vorenthält, raubt ihnen die Möglichkeit zum Trauern. Meine Kinder sind genau instruiert: Niemand soll je daran gehindert werden, zuzusehen, wie mein Körper in der Erde verschwindet. Und niemand soll je daran gehindert werden, an der Abschiedsfeier oder am Leichenmahl teilzunehmen« (♀, 54 Jahre). »Als meine zwei Jahre alte Tochter durch einen Unfall ums Leben gekommen ist und ich noch keine 20 Jahre alt war, haben gutmeinende Menschen mich daran gehindert, an der Beerdigung meines Kindes teilzunehmen, mit der Absicht, mich vor noch mehr Schmerz zu schützen. Erst Jahre später wurde mir bewusst, was mir durch dieses ›Schützen‹ vorenthalten wurde: Ich konnte nicht Abschied nehmen von meiner Tochter« (♀, 44 Jahre). »Bei Trauerfeiern grenzen die übertriebenen und ausufernden Lebensgeschichten fast an Heiligsprechungen, was mir auf die Nerven geht« (♀, 57 Jahre). »Mir fehlen bei Beerdigungen echte Ausdrucksformen des Klagens, beispielsweise Lieder, die Ohnmacht und Hilflosigkeit stimmig ansprechen und gestalten. Hilfreich finde ich hingegen beim Kondolieren traditionelle Formulierungen wie ›Herzliches Beileid‹. Sie ermöglichen mir, meine Trauer und mein Mitgefühl auszudrücken, ohne dass ich um Worte ringen muss« (♀, 49 Jahre). »Ich finde es schade, dass bei Beerdigungen die Betonung auf dem Abschied liegt und nicht so sehr auf der Ankunft in einer anderen Welt. Tod bedeutet Leben, Wandel, Neugeburt, nicht ›Auf Nimmerwiedersehen‹« (♀, 48 Jahre).

Die Art und Weise, wie wir Verstorbene verabschieden und wie wir uns an sie erinnern, beeinflusst unseren Trauerprozess stark. Wenn

Angehörige den Leichnam nicht verabschieden können, weil er bei einem Unfall verbrannt oder verschollen ist, weil man zur Zeit der Bestattung im Ausland weilte oder weil die verstorbene Person keine Trauerfeier wünschte, werden Abschied, Loslassen und Trauer zusätzlich erschwert. Auch wenn Verstorbene bereits vor der Trauerfeier kremiert wurden, Angehörige dies nicht wissen und automatisch davon ausgehen, dass sie sich bei der Beerdigung vom Leichnam verabschieden können, wird der Abschieds- und Trauerprozess erschwert. Wenn die Abschiedsfeier mit dem präsenten Leichnam und die Beisetzung der Asche mehrere Tage, Wochen oder gar Monate auseinander liegen, ist das zwar ein organisatorischer Mehraufwand, aber für den Prozess des Trauerns und Neuausrichtens durchaus hilfreich.

Wenn nahestehende Menschen sterben, bezieht sich unsere Trauer in erster Linie auf den Verlust dieser Person. Nicht selten sind Angehörige aber auch darum traurig und verzweifelt, weil sie mit der verstorbenen Person in einem Konflikt gestanden sind, ihr gewisse Dinge nicht gesagt oder ihre Wünsche nicht erfüllt haben. Darum gestalte ich jeweils zu Beginn von Abschiedsfeiern ein aus dem Islam stammendes Versöhnungsritual, in dem alle Anwesenden der verstorbenen Person ihre Fehler und Verletzungen vergeben und den Verstorbenen bitten, auch ihnen Unzulänglichkeiten, Versäumnisse, Kränkungen und Verletzungen zu verzeihen.

Die Texte und Musikstücke sollten in Abschiedsfeiern möglichst von den Angehörigen bestimmt werden. Familienmitglieder, Freunde und Arbeitskollegen können in der Feier die verstorbene Person auch mit persönlichen Worten würdigen sowie Briefe, Blumen oder Erinnerungsgegenstände mit ins Grab geben. Ist bei der Trauerfeier statt des Leichnams die Urne präsent oder nicht einmal diese, ist das Aufstellen eines Porträtbildes der verstorbenen Person hilfreich. Auch das Aufstellen von Gegenständen aus dem Leben der verstorbenen Person, auf die man beim Vortragen des Lebenslaufs oder bei Statements von Angehörigen eingehen kann, ist stimmig und sinnvoll.

Leider bestimmen heute Sicherheitsverordnungen an manchen Orten, dass der Sarg erst ins Grab gesenkt wird, wenn die Trauergemeinde den Friedhof verlassen hat. Denn das langsame Verschwinden des

Sarges in der Erde macht den Abschied deutlich spürbar. Für den Abschiedsprozess wäre es wohl am besten, wenn die Angehörigen und Freunde das Grab gemeinsam mit Erde zuschaufeln könnten.

Manchmal sind Hinterbliebene noch nicht bereit, die Urne mit der Asche ihrer Frau oder ihres Kindes schon wenige Tage nach dem Tod der Erde zu übergeben. Darum stellen sie die Urne noch eine Zeit lang im Wohnzimmer auf. Das hat den Vorteil, dass die Beisetzung der Urne nach Monaten zwar immer noch mit Trauer verbunden ist, aber die Angehörigen haben bereits begonnen, ohne die verstorbene Person das Leben zu gestalten. Sehr schön erlebte ich die Beisetzung der Asche meines Bekannten Egon ein Jahr nach seinem Tod. Seine Frau Doris legte alle Briefe, die sie von Freunden nach Egons Tod erhalten hatte, in das Urnengrab. Dann legte sie seine Taufkerze ins Grab sowie ein Bett von Rosenblättern. Und nachdem ich die Urne ins Grab gesenkt hatte, ließen alle Anwesenden Rosenblätter über die Urne fallen und drückten dazu Wünsche und Dank aus, ehe wir am Grab mit Weißwein auf Egons und unser Wohl anstießen.

Je nach Kultur, Religion und Region wird der Verstorbenen unterschiedlich lange und intensiv gedacht. »*Das einzige religiöse Ritual, das ich bewahrt habe, ist am Grab oder in einer Kirche für liebe Verstorbene zu beten und eine Kerze anzuzünden*« (♀, 50 Jahre). »*In meinem Gebetsbüchlein bewahre ich die Todesanzeigen von nahestehenden Personen auf und lebe so mit den Verstorbenen weiter*« (♀, 54 Jahre). »*An Allerheiligen besuche ich das Grab meiner verstorbenen Groß- und Urgroßeltern. Anschließend genießt die ganze Verwandtschaft Kaffee und Kuchen bei meiner Oma*« (♀, 41 Jahre).

Individuelle und kollektive Gedenktage tragen dazu bei, dass die Erinnerung an Verstorbene von Mal zu Mal weniger schmerzt und dass sich die Trauer nach und nach in Dankbarkeit für die gemeinsam erlebte Zeit wandelt. In ländlichen katholischen Gegenden feiert man den sogenannten Dreißigsten. Ursprünglich glaubte man, die Seele gelange nach 30 Tagen in den Himmel. Auch der Todestag wird in manchen Gegenden jedes Jahr gefeiert. Früher war mit dem ersten Todestag die offizielle Trauerzeit vorbei und die Witwe durfte sich wieder farbig kleiden und an Tanzveranstaltungen teilnehmen. In katholischen

Regionen wird jährlich an Allerheiligen und Allerseelen (1. und 2. November) kollektiv der Verstorbenen gedacht. Bei den Reformierten wird am Toten- oder Ewigkeitssonntag Ende November der Menschen gedacht, die im Verlauf des Jahres verstorben sind.

An Verstorbene kann man auch bei speziellen Familienfeiern denken. Als meine Schwester letzthin ihren 60. Geburtstag feierte, gestaltete mein Schwager ein eindrückliches Gedenk-Ritual aus der rumänisch-orthodoxen Tradition. Ehe wir mit den Gläsern auf das Wohl meiner Schwester anstießen, füllte er zwei Gläser mit Schnaps, erinnerte an seine verstorbene Mutter und an unseren verstorbenen Vater, die bei früheren Feiern anwesend waren, und kippte den Schnaps auf die Erde, um unsere Verstorbenen unter der Erde ebenfalls in die Feier zu integrieren.

> *Welche Elemente schenken mir bei Trauerfeiern und Bestattungen Hilfe, Trost und Halt?*
> *Welche Elemente finde ich bei Abschiedsfeiern und Bestattungen störend oder pietätlos?*
> *Welche Rituale vermisse ich bei Trauerfeiern und Bestattungen?*
> *Wie weit habe ich die eigene Trauerfeier und Bestattung bereits geplant oder einzelne Elemente notiert?*
> *Wer soll meine Begräbnisfeier dereinst gestalten?*
> *Soll mein Leichnam bei der Abschiedsfeier präsent sein?*
> *Welche Bestattungsart und welchen Bestattungsort wünsche ich mir nach meinem Tod?*
> *Wie weit finde ich Mahlfeiern nach Bestattungen hilfreich und tröstlich oder störend und unstimmig?*
> *Wie möchte ich das Zusammensein nach meiner eigenen Bestattung dereinst gestaltet haben?*
> *Welche Rituale des Gedenkens finde ich hilfreich, und welche finde ich unstimmig oder störend?*
> *Welche Rituale vermisse ich in der Trauerarbeit – im privaten und öffentlichen Bereich?*

Gerne können Sie nun zum Diagramm am Anfang des Kapitels über Schwellenrituale (Seite 92) zurückkehren und prüfen, was sich durch die Lektüre dieses Buchteils verändert hat. Vielleicht haben Sie Lebensübergänge entdeckt, die Ihnen bisher nicht so bewusst waren und die Sie mit einem Ritual nachvollziehen möchten. Vielleicht haben Sie auch realisiert, dass sich in den kommenden fünf, zehn oder 20 Jahren existenzielle Veränderungsprozesse in Ihrem Leben ereignen werden, die Sie nicht passiv erleiden, sondern aktiv gestalten möchten.

Rituale – wohin?

Zahlreiche Rituale, die unsere Eltern und Großeltern selbstverständlich und regelmäßig feierten, sind verschwunden. Dass die weihnachtliche Bescherung erst am 6. Januar erfolgte, weil gemäß Bibel die drei Könige oder Sterndeuter das Jesuskind erst zwei Wochen nach der Geburt in der Krippe fanden und beschenkten, weiß ich nur aus Erzählungen. Das Verschwinden von handgeschriebenen Liebesbriefen oder Ansichtskarten aus den Ferien habe ich hingegen selbst erlebt und empfinde es als Verlust. Hingegen ist es ein Fortschritt der Menschheit, dass gewaltsame, sexistische und nationalistische Rituale wie Ehrenmorde und Duelle, Stierkämpfe oder Genitalbeschneidungen fast ausgestorben oder zumindest international verpönt sind.

Gleichzeitig entstehen laufend neue Rituale oder werden aus anderen Kulturen übernommen. Gibt man auf »Google Scholar« den Begriff »Neue Rituale« ein, erscheinen 15 Millionen Hinweise auf Bücher und Artikel. Einige neuere Rituale sind bereits stark etabliert: Sonntagsbrunch und Abiturpartys, Halloween, Flashmobs, Diners en blanc, Flitterwochen für Schwangere (Baby-Moon), Scheidungspartys, Sonnenwende- und Mond-Rituale, »Leeres-Nest«-Feiern beim Verlassen des »Hotel Mama«, Räuchern von Wohnungen, Menarche-Zeremonien, Reinigungen in der Schwitzhütte oder Valentinstag-Feiern für Singles. Wie schnell sich neue Rituale global verbreiten, konnte man bei der Corona-Krise sehen, als sich Menschen plötzlich weltweit mit dem Ellbogen und den Füssen zu grüßen begannen.

Welche gesellschaftlichen, sozialen, politischen, wirtschaftlichen, religiösen oder klimatischen Faktoren werden die Entwicklung der Rituale in den kommenden zehn bis 20 Jahren prägen? In welche Richtung werden sich Rituale entwickeln? Eine Antwort gibt uns die Themenbreite der heutigen Ritualstudien. Diese befassen sich mehr mit den Bereichen Sport und Internet, Werbung und Familientherapie als mit Taufen, Hochzeiten und Beerdigungen. Von dieser Tatsache sowie aus eigenen Erfahrungen bin ich überzeugt, dass Rituale – wie manch anderes auch – in Zukunft globalisierter, privater, individueller, säkularisierter, kommerzieller und digitaler werden. Was dies bedeutet oder bedeuten kann, wird hier kurz skizziert.

Rituale werden globalisierter

Durch Internet und zunehmende Mobilität begegnen wir immer öfter Gewohnheiten, Traditionen und Ritualen aus anderen Ländern, Kulturen und Religionen. Im besten Fall führt dies zu mehr interkultureller Toleranz, Kompetenz und Dialog, im schlechtesten Fall zu mehr Unverständnis, Intoleranz, Aggression und Gewalt sowie zu einem verstärkten Wunsch nach einer «einheimischen Leitkultur» oder zu mehr Gesetzen gegen Fremde und Fremdes.

Damit Routinehandlungen und traditionelle Gesten aus anderen Zivilisationen nicht zu Missverständnissen und Konflikten führen, wird eine interkulturelle Ritualkompetenz immer notwendiger. Wenn Chinesen beim Essen rülpsen, um dem Koch ein Kompliment zu machen, müssen sie wissen, dass dieser Brauch im Westen als unhöflich gilt, während wir ihre gute Absicht würdigen sollten. Wenn US-Amerikaner beim Essen die linke Hand auf ihr Knie legen, sollten sie wissen, dass diese Geste bei uns verpönt ist, während wir lernen sollten, dass dies zwischen New York und San Francisco als stilvoll gilt. Wenn ein jüdisch-orthodoxer oder muslimischer Mann einer Frau die Hand zum Gruß nicht reicht, sondern seine rechte Hand auf sein Herz legt, sollte der Mann wissen, dass dies hierzulande als frauenverachtend interpretiert wird, während die hiesige Frau wissen muss, dass dies eine Geste besonderen Respekts darstellt. Wenn Gäste aus Lateinamerika eine halbe Stunde zu spät zu einer privaten Einladung eintreffen, sollten sie wissen, dass dies in Mitteleuropa als Affront gilt, während wir verstehen sollten, dass sie den Gastgeber durch spätes Erscheinen absichtlich nicht in Verlegenheit bringen wollen. Schenken wir Chinesen eine Uhr oder stecken unsere Essstäbchen in den Reis, sollten wir wissen, dass diese Zeichen den Tod symbolisieren. Und wenn wir Japanern ein Taschenmesser schenken, so müssen sie wissen, dass wir dadurch keine Trennung ausdrücken wollen. Wenn wir Indern und

Arabern eine geschlossene Frage stellen oder ein direktes «Nein» ins Gesicht sagen, sollten sie dies nicht als Ohrfeige auffassen. Und wir sollten unbedingt vermeiden, in Indien und im arabischen Raum mit der linken Hand in der Öffentlichkeit Menschen oder Dinge zu berühren, weil die linke Hand für hygienische Tätigkeiten benutzt wird.

Weil unsere Gesellschaft immer globaler, heterogener und multikultureller wird, ist eine interkulturelle Ritualkompetenz zunehmend unerlässlich. Nicht nur auf Reisen in den Orient oder bei internationalen Treffen, sondern auch innerhalb unserer Familien, Schulklassen und Arbeitsteams ist die Kenntnis fremder Rituale und Traditionen immer öfter gefordert, um nicht von einem Fettnäpfchen ins andere zu treten. Weil Hochzeiten und Jahresendfeiern an Schulen und in Unternehmen immer öfter mit Personen unterschiedlicher Kulturen stattfinden, wird es künftig noch wichtiger werden, eine Reihe von Ritualen und Traditionen aus anderen Kulturen und Religionen zu kennen, zu verstehen und zu tolerieren. Auf der einen Seite kann es nicht sein, dass in den liberalen Gesellschaften Westeuropas das Tragen von Kopftüchern verboten wird. Und auf der anderen Seite kann es nicht sein, dass man an Schulen aus falscher Rücksicht im Advent keine Krippenspiele und Weihnachtslieder mehr aufführt. Es ist manchmal gut zu wissen, dass auch manche Rituale, die wir für hundert Prozent christlich halten, ursprünglich aus sogenannt heidnischen Bräuchen stammen, sei es der Adventskranz oder der Weihnachtsbaum, der Osterhase oder das Kreuzsymbol.

Rituale werden regionaler

Während die Welt näher zusammenrückt, Rituale globalisierter werden und eine kulturverbindende Ritualkompetenz immer wichtiger wird, nimmt gleichzeitig – quasi als Kompensation oder Gegenreaktion – das Bedürfnis nach nationaler und regionaler Identität und Solidarität zu. Vor 20 Jahren galt es noch als schick, dass in Wien, Frankfurt oder Zürich an Konzernsitzungen englisch gesprochen wurde, sobald ein US-amerikanischer Manager am Tisch saß. Heute aber wird von dieser Person Integration im Sinn von Anpassung an unsere

Sprache und Gepflogenheiten verlangt. Die Identität als Weltbürger gilt nicht mehr nur als fortschrittlich. In Privatgärten wehen immer mehr Flaggen, das Singen von Nationalhymnen an Schulen sowie der Schutz lokaler Sprachen und Dialekte werden in der Politik zunehmend gefordert, regionale Spezialitäten verkaufen sich besser denn je und kleine lokale Brauereien schießen wie Pilze aus dem Boden. Lokale Bräuche wie Umzüge werden nach jahrzehntelangen Pausen wieder gepflegt. Und immer mehr lokale Theaterbühnen führen Stücke mit lokalem Kolorit auf. Darum darf es nicht überraschen, wenn künftig bei der Gestaltung von Ritualen vermehrt die Frage gestellt wird, was im Land oder in der Region besonders typisch sei. Bräute werden in Zukunft öfters in regionalen Trachten heiraten, bei Firmenjubiläen werden vermehrt lokale Volksmusikgruppen auftreten, und Eltern geben ihren Kindern wieder vermehrt Vornamen mit einem Bezug zur eigenen Kultur.

Ritualer werden privater und individueller

Gemäß ihrer Definition stiften Rituale Identität und Gemeinschaft. Jahrhundertelang erfolgten Rituale sowohl in den Kirchen als auch in der Politik, im Militär, im Sport und in der Kultur in Gruppen und Vereinen, Gemeinschaften und Organisationen. Mit der Individualisierung der Gesellschaft wurden aber auch die kollektiv gestalteten Rituale individueller, und die Feiern zogen sich von der Öffentlichkeit in den Privatbereich zurück. Heute wollen immer mehr Menschen ihre bedeutsamen Lebensübergänge mit einer persönlich gestalteten Feier verbinden. Die Worte, die Musik und die rituellen Gesten müssen für die Beteiligten stimmig und authentisch sein. Rituale sind zunehmend maßgeschneidert. Immer mehr Paare feiern heute »freie Hochzeitsrituale« mit einem »freien Ritualbegleiter«. Rituale wie Kindersegnungen, Hochzeiten und Beerdigungen werden sich in Zukunft noch stärker vom gesellschaftlichen in den privaten Bereich verlagern.

Auch unsere Alltagsrituale halten sich immer weniger an kollektive Formen und Normen. Im ausklingenden 18. Jahrhundert sorgte Adolph Franz Friedrich Ludwig Freiherr Knigge dafür, dass die gute Kinderstube von den Schlössern und Höfen in die bürgerlichen Stuben und Wirtshäuser gelangte. Viele seiner Benimmregeln wurden Kindern 200 Jahre lang mit Drill eingeimpft und sorgten für eine Ritualisierung des Alltags in allen Lebensbereichen. Heute setzen sich Männer in Restaurants oftmals auf den Stuhl, ehe die Damen Platz genommen haben, sie beginnen zu essen, ehe alle den Teller vor sich haben, stützen die Ellbogen auf dem Tisch ab, sprechen mit vollem Mund, fuchteln mit Messer und Gabel herum, und lassen den Damen beim Hinausgehen weder den Vortritt noch helfen sie ihnen in den Mantel oder halten ihnen die Türe auf. Manche mögen dies als Errungenschaft der Individualisierung, als Zeichen der Gleichstellung und als Sieg über zu viel soziale Kontrolle und Etikette feiern. Andere betrachten es eher als Verlust von Stil und Ritualkompetenz.

Bei der konkreten Gestaltung von Ritualen wird es in Zukunft immer wichtiger werden, dass rituelle Handlungen die konkreten Veränderungsprozesse der Beteiligten ernst nehmen und auf die Mitfeiernden in stimmiger Weise eingehen. Wenn beispielsweise Seelsorger finden, die moderne Theologie verlange Tauffeiern im Rahmen des Gemeindegottesdienstes, weil es sich um ein Initialritual in die konkrete Kirche vor Ort handle, ignorieren sie, dass junge Eltern in dieser Lebensphase existenziell an einem völlig anderen Ort stehen. Die meisten jungen Eltern haben erstens gar nicht vor, sich am aktuellen Wohnort langfristig niederzulassen, und zweitens bedeutet ihnen das Ritual primär die Aufnahme des Kindes in das familiäre Umfeld. Vermutlich werden künftig immer mehr Paare ihre Liebeszusage mit einer Handvoll Gäste feiern als in einer vollen Kirche. Und Trauerfeiern werden zunehmend im engsten Familienkreis auf eine individuelle Art stattfinden. Manche mögen dies bedauern und hoffen, dass das Pendel bald wieder in Richtung Kollektiv schlagen wird. Ich glaube eher, dass die Individualisierung der Ritualgestaltung weiter zunehmen wird.

Rituale werden säkularisierter

Nicht nur öffentliche Rituale des religiösen Brauchtums wie etwa Fronleichnams- und Karfreitagsprozessionen nehmen in den meisten deutschsprachigen Städten ab, sondern auch zahlreiche profane, säkularisierte Traditionen, die einen gewissen sakralen Charakter aufweisen, drohen in Vergessenheit zu geraten. Meine Freunde Linus und Seppi, die regelmäßig zur Jagd gehen, drücken mir jeweils ihr Bedauern darüber aus, dass die jungen Jäger einfach über das erlegte Tier schreiten und diesem nicht mehr den sogenannten »letzten Biss« gönnen, indem man dem toten Reh oder Hirsch einen Tannenzweig ins Maul legt. Die Säkularisierung der Gesellschaft und in der Folge auch der Rituale zeigt sich vor allem an religiösen Feiertagen. Bei Befragungen wissen jeweils nur noch wenige, was an Fronleichnam, an Mariä Empfängnis oder an Pfingsten gefeiert wird. Hinzu kommt, dass auch wirtschaftsliberale Kräfte die religiösen Feiertage als produktions- und gewinnhemmend empfinden und darum als arbeitsfreie Tage bekämpfen. Wirtschaftsverbände sehen immer weniger ein, warum man Angestellten an religiösen Feiertagen Lohn zahlen soll, wenn keine fünf Prozent von ihnen einen Gottesdienst besuchen. Nicht-christliche Religionen fordern auch die Anerkennung ihrer Feiertage in der multikulturellen Gesellschaft. Und Religionslose wollen religiös motivierte arbeitsfreie Tage im religionsneutralen Staat generell abschaffen.

In den kommenden zehn bis 20 Jahren werden zahlreiche Rituale im Jahreszyklus verschwinden. Der Neujahrstag wird vermutlich bleiben, damit die Silvester-Partygänger ihren Kater ausschlafen können. Karfreitag, Ostermontag, Christi Himmelfahrt, Pfingstmontag, Fronleichnam, Allerheiligen, der Stephanstag sowie die Marienfeste werden langfristig ebenso zu Arbeitstagen erklärt werden wie der nationale Dank-, Buß- und Bettag. Diese Tendenz erkennt man heute schon an den Öffnungszeiten von Einkaufszentren. Während Geschäfte bis vor zehn Jahren an den eben genannten Feiertagen selbstverständlich geschlossen blieben, erzielen sie heute gerade an religiösen Feiertagen Rekordumsätze. Statt in lokalen und nationalen Parlamenten permanent über die Beibehaltung oder Abschaffung einzelner Feiertage zu streiten, wäre es sinnvoller, dieses Thema in der Politik grundsätzlich anzugehen. Eine Lösung könnte sein, allen Arbeitnehmenden jährlich zehn Joker-Tage zu gewähren, an denen sie individuell frei nehmen dürfen. Regierungen, Parlamente und Stimmvolk könnten sich auch jeweils für zehn Jahre auf eine bestimmte Anzahl arbeitsfreier Feiertage einigen, die den Bewohnerinnen und Bewohnern plausibel erscheinen. Das könnten säkulare Gedenktage sein wie der Welttag des Wassers (22. März), der Welttag des Buches (23. April), der Tag der Senioren (1. Oktober), der Tag der Toleranz (16. November) oder wie in Frankreich der Großelterntag (1. Sonntag im März), das Fest der Natur (5 Tage im Mai) oder der Tag des Nachbarn (letzter Freitag im Mai). Gerade für Lehrpersonen an multikulturellen Schulen gäbe es an solchen Tagen zahllose Möglichkeiten zur Gestaltung sinnvoller Rituale.

Rituale werden kommerzieller

Während Rituale früher Gefahr liefen, auf Kosten von Sinn und Inhalt formalistisch zelebriert zu werden, haben Rituale heute stärker die Tendenz zur Ästhetisierung, Folklorisierung und Kommerzialisierung. Die größten und teuersten Veranstaltungen sind heute nicht mehr Papstmessen, Militärparaden und royale Hochzeiten, sondern Sportevents und Musikfestivals. Das Gefühl von Gemeinschaft und Zugehörigkeit wird im Sport- und Kulturbereich stark durch Konsumprodukte erzeugt. Bei Fußballspielen ist die Eintrittskarte billiger als das obligate Shirt, der Schal und die Mütze. Fast jede Sportart erfordert heute ein spezielles Outfit. Neben Kostümen für den Karneval besitzen Kinder und junge Erwachsene heute zunehmend auch für Halloween und das Oktoberfest Outfits, die billig in Asien produziert werden. Die Kommerzialisierung von Ritualen zeigt sich auch an Weihnachtsmärkten, wo nicht wirklich Weihnachtsschmuck verkauft wird, sondern wie an Jahrmärkten, Stadtfesten und City-Marathons Kebap, Smartphone-Hüllen und Plastikspielzeug.

Die Sozialen Medien, die den Selbstdarstellungszwang und den Selbstoptimierungswahn ins Grenzenlose pushen, tragen stark dazu bei, dass auch Hochzeiten zu einem mit Sprüchen und Zitaten kombinierten Fotoshooting mutieren. Ich habe schon Hochzeiten erlebt mit drei Fotografen und zwei Videofilmern. Nachdem die Braut feierlich zu Wagners Klängen in den Raum schritt, posierte das Paar zuerst 5 Minuten küssend wie bei einer Oscar-Verleihung vor den Kameras, ehe ich die beiden und die Gäste überhaupt begrüßen konnte.

Ich will weder selbst einem Kulturpessimismus verfallen noch Sie in einen solchen manövrieren. Ich möchte lediglich die Gefahr aufzeigen und Sie etwas sensibilisieren, dass der tiefere Sinn von Ritualen leicht verloren gehen kann, wenn man bei Events primär darauf achtet, dass sie eine spektakuläre Wirkung erzielen und möglichst viel »Ah« und »Oh« erzielen.

Rituale werden digitaler

Rituale wie die Partnersuche, Trauerbekundungen oder politische Abstimmungen erfolgen heute mehrheitlich per Klick auf dem Smartphone. Da wir definitiv im digitalen Zeitalter angekommen sind, wäre es geradezu seltsam, wenn nicht auch Rituale von diesem Faktum betroffen wären. Die digitale Kommunikation stellt uns vor neue Fragen und Herausforderungen, die unsere Großeltern nicht kannten. Soll man Freundschaftsanfragen von Geschäftspartnern oder Chefs auf Facebook annehmen oder ablehnen? Ab welchem Punkt ist das Starren auf das Smartphone während Mahlzeiten, Besprechungen und Konzerten unhöflich oder gar zwanghaft? Darf ich einem Freund zum Tod seiner Mutter per E-Mail kondolieren?

Der deutlichste Einzug des digitalen Zeitalters im Ritualbereich erfolgte beim Tod des Apple-Gründers Steve Jobs am 5. Oktober 2011. Zahllose »digital natives« legten ihre Smartphones und iPads mit einer virtuell flackernden Kerze auf dem Bildschirm vor seiner Firma nieder. Inzwischen können Trauernde im Internet zum Andenken an Verstorbene auf Online-Portalen von Zeitungsverlagen virtuelle Gedenkkerzen anzünden, kondolieren oder persönliche Fotos mit Verwandten, Freunden und Bekannten teilen. Nachdem sich Tod und Trauer jahrzehntelang auf den Friedhof reduzierten, wurden sie durch das Internet aus dieser Tabuzone herausgeholt und in einen ortlosen virtuellen Raum verschoben, wo das Teilen der Trauer ohne Augenkontakt und Umarmungen stattfindet. In Dänemark besitzen immer mehr Gräber auf Friedhöfen einen QR-Code. Wenn man das Smartphone auf dieses kryptische Zeichen hält, kann man aus dem Leben des Verstorbenen Bilder, Texte und Videos anschauen. Erste «Nerds» kreieren bereits zu Lebzeiten eine unsterbliche Identität, einen Avatar, der nach dem Tod regelmäßig Botschaften absondert (z. B. LifeNaut, AfterLife). Und immer mehr Verstorbene leben nach dem physischen Tod virtuell weiter, weil niemand ihr Facebook-Profil, ihren Twitter-Account oder ihre Youtube-Filme löscht. Das digitale Zeitalter wird vermutlich noch eine Reihe weiterer Rituale ins Leben rufen. Denkbar sind etwa Trauerrituale für verlorene Smartphones oder Abschiedsrituale und Friedhöfe für veraltete Roboter. Wenn wir zur Gestaltung von Ritualen digitale Technik verwenden, kann dies ein enormer Gewinn sein, weil wir in wenigen Sekunden riesige globale Trauergemeinden oder Solidaritätsgruppen kreieren können. Gleichzeitig ist selbst ein von Hand geschriebener Brief nicht dasselbe wie die persönliche Teilnahme an einer Trauerfeier. Wer bei Ritualen analog präsent ist, bleibt auch in Zukunft das größte Präsent.

Rituale bleiben, was sie sind

In Zukunft werden sich unsere vertrauten Rituale hoffentlich weiterentwickeln. Auch ist zu hoffen, dass wir für bedeutsame Lebensübergänge, die wir heute kaum je rituell gestalten, in Zukunft neue Rituale kreieren und feiern werden. Rituale werden sich angesichts von Globalisierung, Regionalisierung, Individualisierung, Säkularisierung, Kommerzialisierung und Digitalisierung stark verändern. Gleichzeitig werden sich unsere Rituale wie die Geschichte nicht einfach linear weiterentwickeln, sondern schwingen eher wie ein Pendel zwischen verschiedenen Polen. Rituale werden einmal mehr die globale Vernetztheit ausdrücken und ein anderes Mal stärker die Individualität, einmal die religiöse Verankerung und einmal die Unabhängigkeit von Transzendenz, einmal wird das Einhalten traditioneller Formen wichtiger sein und einmal die momentane Authentizität.

Weil Rituale Veränderungsprozesse von Individuen und Paaren, Gruppen, Organisationen und ganzen Gesellschaften thematisieren und inszenieren, werden sie sich in Zukunft zwar in der Form, nicht aber im Wesen ändern. Das Leben war, ist und bleibt ein permanenter Fluss von Werden, Sein und Vergehen. Auch in hundert Jahren werden Rituale das Loslassen von Vergangenem und das Einlassen auf Neues mit speziellen Gesten ausdrücken. Rituale werden immer Übergänge zwischen Lebensphasen und Institutionen gestalten, denen wir eine tiefere Bedeutung beimessen wollen. Menschen werden in ihrem Alltag, im Jahreszyklus und in ihrer Biografie auch künftig Akzente setzen wollen, die ihnen Sinn, Gemeinschaft, Identität und Beheimatung in der Zeit schenken. Und Rituale werden auch in ferner Zukunft ihre Kraft, Schönheit und Wirksamkeit aus der Wiederholbarkeit bestimmter Gesten schöpfen. Wer Rituale versteht und liebt, darf darum getrost nach vorne blicken.

Dank

Ein Buch ist eine Teamwork-Frucht und keine One-Man-Show.

Zunächst bedanke ich mich beim Patmos Verlag für die Aufnahme dieses Buches in sein hochwertiges Programm. Burkhard Menke begleitete die Entstehung von der ersten Idee bis zum Druck wohlwollend-kritisch. Danken möchte ich auch Anja Hager für das Lektorat.

Sehr dankbar bin ich all jenen Personen, die ihre persönlichen Erfahrungen mit Ritualen mit mir und mit Ihnen teilen. Sie ergänzen meine theoretischen Überlegungen und machen das Buch lebensnah und konkret. Namentlich danke ich Alexa Vienerius, Anselm Burr, Barbara Schmid-Federer, Bea Brandenberger, Birgit Klaus, Birgit von Brückner, Brigitta Kreuzer-Seiler, Claudia Mennen, Evelyne Schärer, Farsin Banki, Flavia Schlittler, Frank Schellenberg, Fridolin Schwitter, Jürg Thommen, Linus Berther, Margaretha Buric, Martina Monti, Matthieu Camenzind, Michael Deppeler, Mirjam Pegoraro, Patricia Fent, Rachel Haag, Sonja Stirnimann und Toni Krein.

Für die wertvollen Korrekturen danke ich meiner Schwester Angi und ihrer Tochter, meinem Patenkind Alina Holender, sowie Seraina Kobler.

Und von ganzem Herzen danke ich meiner Partnerin Karin Blum, die mich beim Schreiben begleitet und unterstützt hat und mit der ich im Alltag, im Wochen- und Jahreszyklus sowie bei bedeutsamen Lebensübergängen vertraute Rituale pflegen und neue Rituale kreieren darf.

Literatur

BELLIGER Andréa/KRIEGER David: Ritualtheorien. Ein einführendes Handbuch. Wiesbaden 2012

DÜCKER Burckhard: Rituale. Formen – Funktionen – Geschichte. Stuttgart 2007

GAMBA Fiorenza: Mémoire et immortalité aux temps du numérique. Paris 2016

IMBER-BLACK, Evan u. a.: Rituale. Rituale in Familien und Familientherapie. Frankfurt 2015

KÖSTER Magdalena: Den letzten Abschied selbst gestalten. Alternative Bestattungsformen. Berlin 2012

STUTZ Pierre: 50 Rituale für die Seele. Freiburg i. Br. 2018

TURNER Victor: Das Ritual. Struktur und Anti-Struktur. Frankfurt a. M. 2005

VAN GENNEP, Arnold: Übergangsriten. Frankfurt a. M. 2005

Quellennachweise

CASALS Pablo (S. 16): Licht im Schatten auf einem langen Weg. Erinnerungen aufgezeichnet von A.E. Kahn, Frankfurt 1971, 10
LEUENBERGER Moritz (S. 33), aus seinem Referat »Rituale in der Politik«, am Internationalen Kongress »Rituale in Alltag und Therapie«, Zürich, 30. März 2001

Über den Autor

Lukas Niederberger, 1964 in St. Gallen (CH) geboren, ist Ritualbegleiter und Kursleiter. Er unterstützt Einzelpersonen, Paare und Organisationen bei der Gestaltung bedeutsamer Übergänge und Veränderungsprozesse. Und als Geschäftsleiter der Schweizerischen Gemeinnützigen Gesellschaft (SGG) fördert er zivilgesellschaftliches und freiwilliges Engagement.
www.lukasniederberger.ch

Vom Autor sind folgende Bücher erschienen:

Die Kunst engagierter Gelassenheit. Wie wir brennen, ohne auszubrennen. München 2011

Kleine Bet-Lektüre. Für Gläubige, Suchende und Zweifler. Ostfildern 2014

Es glaubt. Suchen nach Spiritualität und Religion. Zürich 2008

Am liebsten beides. Entscheidungen sinnvoll treffe. Ostfildern 2013
(Einzelne Exemplare sind noch online oder beim Autor erhältlich.)

Stärker sein als der Stress

Josef Epp
Mich schützen und stärken
Resilienz im Alltag.
Anregungen und Übungen

176 Seiten
Hardcover mit Leseband
ISBN 978-3-8436-1211-1

Privater und beruflicher Stress, Belastungssituationen in der Familie, am Arbeitsplatz, durch Ehrenämter – das bringt viele Menschen an ihre Grenzen. Wenn die Anspannung zum beherrschenden Lebensgefühl wird, gerät die Gesundheit in Gefahr. Entscheidend sind die Stärkung der persönlichen Widerstandskraft und der Aufbau von Schutzbereichen. Josef Epp gibt ermutigende Anregungen für eine gesunde Selbstfürsorge an Leib und Seele. Im Dialog mit Fachleuten aus verschiedenen Gebieten zeigt er, wie man belastende Faktoren bewusst angehen und Ressourcen aktivieren kann, etwa Motivation, Beziehungen, Lebensfreude und Spiritualität. Das Besondere an diesem Buch: die Kombination aus wissenschaftlicher Grundlage, ganzheitlichem Ansatz und alltagstauglicher Umsetzbarkeit durch Anregungen und Übungen.

www.patmos.de

Anders handeln, leben und feiern

Hans-Gerhard Behringer
**Die Heilkraft der Feste erfahren –
Den Jahreskreis neu entdecken**

350 Seiten
Hardcover mit Jahreskreis-Postkarte
ISBN 978-3-8436-0758-2

Wie wird das Leben ganz und heil? Was gehört zu uns, will akzeptiert und integriert werden, damit wir ein erfülltes Leben haben? Dass wir uns entwickeln können hin zu mehr Reife, Weisheit und Zufriedenheit?
Hans Gerhard Behringers Werk bietet eine völlig neue Deutung der christlichen Feste. Seine konkrete und lebensnahe Begleitung wirkt anhand zahlreicher Übungen tief ins Leben hinein und schenkt so neue Lebensfreude.

www.patmos.de